अश्विनी कपूर की कलम से

एक अर्जुन दुर्योधन हज़ार

(हिंदी कविता संग्रह)

अश्विनी कपूर

Copyright © 2023 by Ashwani Kapoor

All rights reserved.

This book or any portion thereof may not be reproduced or used in any manner whatsoever without the express written permission of the respective writer of the respective content except for the use of brief quotations in a book review.

The writer of the respective work holds sole responsibility for the originality of the content and The Write Order is not responsible in any way whatsoever.

Printed in India

First Printing, 2023

ISBN: 978-93-5776-269-4

The Write Order

Koramangala, Bangalore

Karnataka-560029

THE WRITE ORDER PUBLICATIONS.

www.thewriteorder.com

मेरी जीवन-संगिनी अमिता को, मेरे हर बढ़ते क़दम के साथ क़दम मिलाकर, जिसने सदैव मेरा साथ दिया और मेरे हर सपने को साकार करने में मेरा साथ दिया!

अश्विनी कपूर की कलम से

1. मैंने जादू देखा है जीवन का
2. वो दिन कितने अच्छे थे
3. हे राम
4. दिल बड़ा होना चाहिए
5. यही जीवन है
6. दोस्त
7. मुबारक हो
8. आशीर्वाद
9. 36 बरस का साथ
10. वक्त के साथ चलो मुस्कुरा के
11. कन्चू की दिनचर्या
12. नन्ही परी
13. मेरी दुआ
14. तपस्या
15. यह क्या कर रहे हैं हम
16. आज का राजा
17. स्वर ही ईश्वर है
18. खुशी (एक)
19. मेरी तुम्हारी कहानी
20. एक नई उमंग
21. बचपन कितना अच्छा था
22. खुशी के पल

23. खुशी (दो)
24. दीपावली
25. मैं दिल में दीप जलाऊंगा
26. वक्त बदल रहा है
27. क्या से क्या हो गई है जिंदगी
28. तुम्हारा साथ
29. हर जन्म का साथ
30. नई ऊर्जा का जन्म
31. कठपुतलों की दुनिया
32. अहम से परे
33. आओ! हम सब साथ चलें
34. जीने का मजा
35. नया सवेरा
36. जीवन की बसंत
37. दोस्त कौन ?
38. धर्म की चादर
39. कृष्ण भाव
40. जीवन तरंग
41. चीन की दीवार
42. एक नई महाभारत
43. सपनों का सौदागर
44. दिल बड़ा होना चाहिए
45. भाईचारा
46. चांद की पहचान

47. गम से परे

48. मेरे बाबूजी

49. मैं कौन हूं

50. गम दूसरों के भी होते हैं

51. फरिश्ता

52. नारों की भरमार

53. शादी की सालगिरह

54. नि:शब्द

55. नई सोच

56. हमारे साडू जी का जन्मदिन

57. जीने का मजा

58. दोस्ती

59. मेरा 67 वां जन्मदिन

60. महिमा मंडल

61. बहुत उमंगे हैं दिल में

62. ईश्वर

63. हम घर से काम करेंगे

64. डर का माहौल

65. अस्पताल की जिंदगी

66. हर दिन नई लग रही है जिंदगी

67. वायरस के 10 दिन

68. नई किरण

69. सूरदास की कल्पना

70. हम कहां जा रहे हैं

71. हमारे बच्चों की नानी

72. जीने की तमन्ना

73. काश! यह सच होता

74. सपनों का भारत

75. भूली बिसरी यादें

76. सब कुछ बदल गया

77. नई उड़ान

78. नई सोच

79. एक मुट्ठी में कैद दुनिया

80. मां तुझे प्रणाम

81. आशीर्वाद

82. गम दूसरों के भी होते हैं

83 खोए हुए शब्द

84. शादी

85. डरना मना है

86. सतरंगी यह जीवन

87. मेरे अपने जो बिछड़ गए

88. शब्द

89. चाटूकारों से सावधान

90. भूली बिसरी यादें

91 एक अर्जुन दुर्योधन हजार

92. नया संदेश

93. उड़नतश्तरी बनी जिंदगी

94. दोस्त बेगाने हो गए

95. मेरे बच्चों की नानी

96. कृष्ण भाव (दो)

97. आश्वासन

98. दारू की दोस्ती

99. भूली बिसरी यादें

100. रामराज्य

101. माया का जाल

102. किसी के आने का एहसास

103. विरासत

104 मन की बात

105. मेरी प्रिया

106. हम तो विश्व विजेता हैं

107. कुछ नया करने की चाह

108. जीवन की बसंत

109. हम कहाँ जा रहे हैं ?

1
मैंने जादू देखा है जीवन का

***

मैंने जादू देखा है

जीवन का!

मेरे शब्द सरल हैं

मेरा भाव गहन है!

मेरी दुनिया में सब कुछ है

- माया है

मोह है
आगे बढ़ने की उमंग है
- एहसास है
इस जीवन का
क्योंकि शेष सब छलावा है
बच्चों का खिलौना है
- बस यह जीवन ही सिर्फ़ मेरा है

जब तक है

यही एक हर पल मेरे पास है!

यही मुझे एहसास करवाता है
हर पल
यही मेरे मन का मालिक है
यही है

तभी सब हैं
फिर इसी के साथ मुस्कुरा कर जी लें,
इसी के साथ गुनगुनाएँ गीत ख़ुशी के
यही एक सच है
हर पल हंस के जी लो
जो कष्ट लगे
उसे कष्ट न मानों, गुत्थी है
यह जीवन की

हल कर इसे जीवन सरल बना लो!

बस हंस कर इसे सुलझा लो!

- 28/03/2017

2

वो दिन कितने अच्छे थे

***

वो दिन कितने अच्छे थे

जब सुबह-शाम हम सब मिलते थे!

बच्चों की बातें करके
हर ख़ुशी, हर ग़म में
एक साथ मिलकर,
- मन में आई हर बात

बाँट कर मन हल्का करते थे!

जीवन की आपाधापी में

धीरे-धीरे ना जाने कब और कैसे

कड़ियाँ टूटती रही,
और न जाने कब और कैसे
सब वक़्त के साथ

कहीं पीछे छोड़ आये हम!

बच्चों की दुनिया नई बनी
और उसमें धीरे धीरे
हम इतने लीन हो गए कि
दोस्त सब कहीं
जीवन की आपाधापी में

कहीं दूर पीछे छूट गए!

अब उम्र के ऐसे दौर में

आ पहुँचे हैं हम सब
कि
एक नए अध्याय को
फिर से लिखना होगा!

जीवन की आपाधापी से
कुछ पल अलग करके
टूटी कड़ियों को
फिर से जोड़ना होगा!

अब बच्चों के लिए नहीं
तुम्हें अपने लिए,
अपने साथी के साथ

एक नया अध्याय लिखना होगा!

और उसमें   कहीं कोई जगह बना लेना
और हम दोनों की यादों के पल लिख देना,
हम आज भी

उन्हीं लम्हों को याद करते हैं!

जीवन के इस पड़ाव के बाद

सच में दोस्त बहुत अच्छे लगते हैं!

और हम सब दोस्त हैं

हमराज़ हैं बीते दिनों के!

तुम्हारे जन्मदिन की
हार्दिक शुभकामनाओं के साथ

यही दुआ है मेरी!

- 09/08/2021

3
हे राम!

***

हे राम!

कितना भटक गया इन्सान
यहाँ-वहाँ
दर-दर की ठोकर खा रहा!

कथा सुनाओ
यज्ञ करो,
हाथ जोड़, वन्दन करो,
राम नाम की माला जपकर
दयनीय मोड़ पर
खड़ा यह मानव,
कुछ और नहीं
बस स्वार्थ सिद्धी का जप करे!

रहा मूल्य नहीं
अब शब्दों का
न भाव बचा मन में
प्रभू राम का!

बातों के शब्द जाल में
मुझको, तुमको

हम सब को बांधकर
छटपटाहट को हमारी
दरकिनार कर
राम राज्य क्या लौट सकेगा ?

मेरा राम बसा है कण कण में,
जैसे बसे हैं प्राण,
पर राम सरीखा एक नहीं,

न भरत-लक्ष्मण का

अब कहीं नाम!

वन्दनीय अब कुबेर बना बस,
स्वार्थ सिद्धी साधने का भाव बचा,
शब्द जाल में बांधने का गुण बचा
परम भाव बचा अब

निज गुणों का बखान!

रूक जाओ,

ठहर जाओ,

सोचो ज़रा!

आगे राह कठिन है,

और वक़्त शेष बचा है थोड़ा!

अब दशानन एक नहीं

अनेक खड़े हैं!

एक बटन के दम पर

दुनिया दांव पर लगी हुई है!

सँभल जाओ,
ठहर जाओ,
राम नाम की माला से बेहतर
मिल-जुलकर आगे बढ़ो!
ऊँच-नीच से बाहर निकल कर
धर्म भेद की दीवार तोड़ कर
करो सबका कल्याण!
मानव हो
मानव ही रहो,
न राम से तुलना करो
न राम राज्य का स्वाँग रचो!
मात्र अपने अंतर मन को
निर्मल कर दो!
दोष दूसरों के मत ढूँढो
अपने भाव निर्मल कर दो
राम राज्य तभी समझ पाओगे!

राम की महिमा शब्दों से नहीं
कर्म भाव से समझ आएगी!
अब यही व्यथा मेरे राम की
अब यही कथा मेरे राम की!

-14/02/2021

4
दिल बड़ा होना चाहिए!

***

दुनिया तो
पहले से ही बड़ी थी,
इतनी बड़ी
कि एक छोर से
दूसरे छोर का पता नहीं था!

न साधन थे
और न ही
हम इतने सम्पन्न थे
कि
हिम्मत करके निकल पड़ते
दुनिया को नापने!

कोई एक ही विरला
था ऐसा,
जुनून सवार था मन में जिसके,
जो
कुएँ से बाहर निकला
और हिम्मत करके
दोनों सिरों को
नाप लिया था जिसने!

बस फिर क्या था
- पूरी की पूरी दुनिया
चल निकली,
होड़ की दौड़ में
सब भागने लगे!

मैं बड़ा
सबसे बड़ा
- मैंने दुनिया को
सबसे पहले जीत लिया!
एक छोर से दूसरे छोर तक
साम्राज्य मेरा!

और उसी भीड़ में
मैं भी था एक अकेला
देख रहा था सब ठगा हुआ!
होड़ की दौड़ में
भागते हर बाशिंदे ने
कुएँ का मेंढक
कह कर मेरा नामकरण किया!

लेकिन आज तक मैं
यही मानता हूँ
कि
दुनिया चाहे

कितनी बड़ी भी बन जाए,
लेकिन
एक ही सत्य शाश्वत है
कि
इस दुनिया से बड़ा,
बहुत बड़ा

मेरा-तुम्हारा

दिल हो सकता है!

दिल सबसे बड़ा हो
तो दुनिया को
नापने की ज़रूरत नहीं पड़ती,
दुनिया खुद ब खुद
मुट्ठी में आकर

समा जाती है!

- 04/08/2022

5
यही जीवन है

***

किसी से पूछा मैंने, "कैसी हो?"
जवाब मिला,
बड़े दुःखी स्वर में,
"बहुत तकलीफ़ है,
मैं चल नहीं पाती।"
मैंने कहा,
चलना तो जीवन है
अभी भी चल रही हो,
यहाँ से वहाँ फिर भी जाती हो!

कोई शादी-ब्याह,

कहीं जीने-मरने पर

ज़रूर जाती हो.

बच्चों के लिए घर में
सब काम करती हो।
बस एक ही बात की कमी है,
उसे बदल डालो,
सब कुछ ठीक हो जाएगा!

"क्या करूँ बताओ मुझे?"
- पूछा उसने

बस छोटी-सी आदत बदल लो!

अपने से कहना शुरू कर दो
कि चलना है मुझे

ताकि मैं स्वस्थ रहूँ!

काम करना है मुझे
ताकि मैं अपने खाने का स्वाद

क़ायम रख सकूँ!

मन की हर ख़्वाहिश को
मुझे पूरा करना है

ताकि घर में ख़ुशहाली लौट आए!

मैं बदल सकती हूँ
हर हालात को अपने
ताकि मुझे देख कर
वे सब मेरे परिवार वाले
बदल जाएँ

जिनसे मुझे शिकायत है!

बीमारी का रोना नहीं

बीमारी को भगाने के लिए प्रयत्न करो!

दर्द को बार-बार याद करने से

दर्द बढ़ता है!

दर्द को भूल कर
मुस्कुराने का प्रयास करो,
दर्द होते हुए भी कम लगेगा!

और जो पल,

जो सुख पास है,

उसका आनन्द लो!

जो नहीं है उसका ग़म न करो!

जीवन तो अपनी गति से चल रहा है,

तुम भी उसके साथ चलना सीखो!

जीवन का हर पल

ख़ुशी से बिता सकते हैं हम,

उसे बांध कर नहीं रख सकते,

वैसे ही, जो है जैसा है

उसका उपयोग करो!

हम जब तक हैं,

अपने हर पल को मुस्कुराते हुए जीएँ!

बस यही जीवन है!

- 19/04/2022

6
दोस्त

***

बस अब और नहीं,
मुझमें-तुममें कोई होड़ नहीं!

दोस्त मिले बरसों बाद
कुछ सपने साझा करने को,
कुछ कब के बीते चुके
बचपन की बातें करने को,
कुछ ख़ुशी के पल याद करने को,
कुछ गम के पल भूल जाने को!

लेकिन हुआ कुछ और,
बातों में अहम की दिवार

आड़े आ गई!

होड़ लग गई दोस्तों में,
एक-दूसरे से स्वयं को

बड़ा सिद्ध करने की!

और
किसी बड़े बन चुके दोस्त के
बहुत क़रीब आने की कोशिश में,
सब भूल गए
वो स्कूल-कालेज के दिन

- बस केवल दोस्त के रुतबे
की याद रह गई!
दोस्ती अब
दोस्त के रूतबे की मोहताज
होकर रह गई!

शेष बचा कया ?
- बस चुटकुले, कुछ गपशप,
कुछ इधर-उधर की बातें!

स्वयं को
सबसे अधिक व्यस्त
दिखाने की होड़ में हम भूल गए
कि
शाम ढल रही है अब ज़िन्दगी की,
जवानी का जोश अब बचा नहीं,
एक दूसरे के ज़ख़्म कुरेदने का भी
अब समय नहीं!

प्यार से
पल-दो पल साथ बैठ कर
कुछ बातें कर लें
- कुछ ख़ुशी,
कुछ गम साझे कर लें,
कल क्या होगा कुछ पता नहीं!

क़ुदरत के नियंता से

शुक्रिया करने का वक़्त है!

ख़ुशक़िस्मत हैं हम
कि यदि

बहुत चाहने वाले हैं पास हमारे!

क्योंकि
दोस्त जब भी मिलते हैं

हँसी- ख़ुशी से महक जाता है मन!

बस अब यूँ ही
हँसते-खिलखिलाते हर शाम हमारी

बीत जाए!

कोई ग़म न रहेगा पास हमारे
यदि दोस्त आगे बढ़कर
अपने कब के बीत चुके बचपन

के दोस्त का हाथ थामें रहे!

- 11/08/2016

7

मुबारक हो!

***

वक़्त का चलना कभी रूका नहीं

वक़्त कभी थका नहीं!

वक़्त के साथ अनोखा रिश्ता है

मेरा, तुम्हारा, हम सबका!

वक़्त रहते जब कोई साथी

आ मिलता है ज़िन्दगी में,

सच में

जीवन में हमारे

एक नई बहार आ जाती है

सब नया-नया लगने लगता है!

ऐसे ही कहीं आहट हुई

और दो दिल

एक जान बन गए!

वक़्त अपनी रफ़्तार से चलता रहा

और उसी के साथ

यह रिश्ता,

पंख फैलाए धरती और आकाश

की ऊँचाइयों को नापते हुए

नित नई उड़ान को तत्पर दिखा मुझे!

हर दिन एक नए जोश के साथ
तुम दोनों
जब-जब मिले
मुस्कुराते हुए,
एक-दूसरे के हाथ मे हाथ थामें
एक नई उमंग के साथ मिले!

ख़ूब तरक़्क़ी करो जीवन में
अपनी हर तमन्ना को पूरा करो,
कहीं कभी छुटपुट
मनमुताबिक न हो
तब चिंता न करना,
सदा आगे ही आगे बढ़कर

एक-दूसरे के लिए दुआ करना,
हौंसला बढ़ा कर
हाथ थामें रखना
एक-दूसरे का!

मेरी मानो तो हर दिन
नया सन्देश लिए आएगा,
वक़्त कभी न रूका है,
न रूकते हुए दिखेगा कभी,
बस तुम्हें आगे ही आगे

बढ़ने का प्रयास करना होगा,
हर सपना तुम्हारे जीवन का

साकार होगा!

तुम दोनों के साथ
सदा हम सब बड़ों का

आशीर्वाद रहेगा!

- मेरे बच्चों को

शादी की सालगिरह की हार्दिक शुभकामनाएँ!

- 24/11/2022

8
आशीर्वाद

***

पंख लगा कर उड़ रहा

देखो हर घड़ी ये समाँ!

अभी एक बरस हुआ है

लगता है एकाएक

तुम सयाने हो गए हो!

पँख फैला कर अब

आकाश की बुलंदियों के छूने चले हो!

समझकर, सोचकर

एक दूसरे के सहयोग से

अपनी नई दुनिया बसाने चले हो!

बहुत सुंदर है जीवन

इसे सरल भाव से सदा जीना!

ज़िन्दगी के हर मोड़ पर

ज़रा रूक कर, ठहर कर

कुछ सोच समझ कर

आगे ही आगे बढ़ते रहना!

परस्पर सहयोग ही मंत्र है

जीवन का,

इसमें मेरा–तुम्हारा कुछ नहीं,

जो है वही जीवन है!

इस जीवन को एक भाव से
एक श्वास से मिल जुल कर
सहज भाव से जीते रहना!

उठो!

आनंद मन से ग्रहण करो

अपना हर पल!

आगे बढ़ो
बढ़ते रहो,

जीवन के नए रंगों को ग्रहण करो!

आशीष मेरा
सदा से सदा के लिए
तुम्हारे साथ है
तुम मुस्कुराते हुए
एक दूसरे के साथ आगे बढ़ते रहो!

- 24/11/2020

9
छत्तीस बरस का साथ

***

- छत्तीस बरस
एक साथ
लंबा सफ़र,
जब बने थे तुम दोनों हमसफ़र!

हर दिन, हर शाम
हर घड़ी, हर पल
हर रात की
तन्हाई कहीं दूर हो गई,
मिलन के बाद
लगता नहीं कि
तुम बस
छत्तीस बरस पहले मिले थे!

यह मात्र गिनती है,
मेरी मानो
तो सच में
तुम्हारा तो जन्मों का साथ है!

सदा यूँ ही
हमसफ़र बने खुश रहो!

यह जीवन अभी बहुत
सुनहरे सपनों को

साकार करेगा,
कुछ नया सन्देश लिए
हर दिन
नई उमंग के साथ
आगे बढ़कर
तुम्हारे साथ

एक नए युग की प्रेरणा बनेगा!

- यह मात्र छत्तीस बरस का नहीं

जन्मों का साथ है!

सदा ख़ुश रहो
मुस्कुराते रहो,

जो भी मिले बस प्यार से मिलो!

यही कामना है मेरी!

- 28/10/ 2021

10
वक़्त के साथ चलो मुस्कुरा के!

(अपने प्रियजन के 75 वें जन्मदिन के उपलक्ष्य में)

***

वक़्त दस्तक नहीं देता,

बिना रूके, बिना थके

बस चलता रहता है!

ऐसे ही यह वक़्त

जीवन के ऐसे मोड़ पर

आ खड़ा हुआ है,

- जहां ख़ुशियाँ

बाँहें फैलाए खड़ी हैं,

नए-नए रूप लिए!

मैं एक बहुत हो जाऊँ

नित नए रूप नए रंग दिखाऊँ!

- यह गीता भाव तुम देख रही

एक नहीं

अनेक रूपों में अपने रूप देख रही!

ज़रा आसपास देखो अपने

नए-नए रूप लिए

सबमें तुम्हारा अंश है!

देखो! यही हर जन्म की है कहानी,
और यही पल एक साथ मिलकर नई दुनिया,

हर नए रूप के दर्शन करवाते हैं!

इसीलिए कहता हूँ
हर पल मुस्कुरा कर जी लो,
जो मिले उसे गले लगाओ,

जीवन में बसन्त सदा बनी रहेगी!

यह जन्मदिन

हर दिन यही सन्देश लिए आया है
कि
जो बीत गया पल,

उससे बेहतर आने वाला हर पल होगा!

ख़ुशी से मौज करो,
मस्त रहो, स्वस्थ रहो
यही कामना है मेरी
आपके 75वें जन्मदिवस पर!

- 15/04/2022

11

"कन्चू की दिनचर्या"

***

हुआ सवेरा
चहकी चिड़िया
आँख खुली
और उठ गई कन्चू।
खुश है तो बोली,

- "गुड मार्निंग पापा!"

- "गुड मार्निंग मम्मा!"

मूड ख़राब
तो चुटकी काटी
मम्मा को जगाया
- दूध ले के आओ
बड़ी-बड़ी बोतल में,
नहीं-नहीं
छतरी वाले कप में,
जल्दी से लाओ
भूख लगी है

गोदी में लेकर मुझे पिलाओ!

बाहर निकली
देखी टहनी,
तोता है बैठा
- मिट्ठू-मिट्ठू करता

- "गंगाराम-गंगाराम
मेरे पास आओ!"

कबूतर हैं बैठे
कन्चू के साथी
प्यार से बोले
- गूटर-गूँ, गूटर-गूँ!
- हँस दी कन्चू
ताली बजाई
बाहर से भागकर
भीतर आई
- पापा को देखा
- छोड़ो सब कुछ
गोदी में ले लो!

पापा नहलाएँगे
पापा सजाएँगे,
स्कूल में जाना
नीचे ले जाएँगे,
टैक्सी में बिठाकर
"टा-टा" करेंगे
- किस्सी भी देंगे!
पापा घर में रहना
ऑफिस न जाना
कहीं न जाना
मैं अभी आऊँगी,
स्कूल से आऊँगी,
बाहर ले के जाना
टॉफी ले के देना!
- ढेर-से वादे

- ढेर-सी बातें

कन्चू का स्कूल

कन्चू की करामातें!

स्कूल में जाकर

गाना गाया,

ड्राईंग की और ऊधम मचाया!

- "कन्चन आँटी ने डाँटा

सुब्बू आँटी ने प्यार किया

- प्यारी बच्ची कन्चू

- मीठी-सी कन्चू

- अच्छी बच्ची कन्चू!

- ये भी कहा और

- वो भी कहा!"

- घर जब लौटी मम्मा को बताया

पापा को ढूंढा

पापा नहीं हैं

- कहाँ गए हैं?

- "ऑफिस गए हैं?"

- खुद से पूछा

- खुद से बोला

- "शाम को आएँगे

खूब घुमाएँगे,"

-अभी भैय्या आएगा

भैय्या संग खेलूँगी,

भैय्या जो करेगा

वही मैं करूंगी

-भैय्या खाना खाएगा

मैं भी खाऊँगी,

भैय्या पढ़ाई करेगा,
मैं ड्राईंग करूँगी
- ऊधम मचाऊँगी
हल्ला मचाऊँगी
- मम्मा का सैंडिल पहनकर
खूब डाँस करुँगी!
मास्टर जी जब आएँगे
तबला बजाएँगे,
तब मैं रोऊँगी
डाँस नहीं करुँगी
- अब मैं सोऊँगी
अब मैं सोऊँगी!

कैसी है कन्चू,
अपनी मस्ती
अपनी कहानी,
अपना है गाना
- "ये अक़्खा इंडिया
जानता है
हम तुम पे मरता है!"
शाम हुई है
घूमने है जाना,
मेरी है गाड़ी
- गाड़ी में जाना|
मम्मा चलाएगी,
कन्चू साथ बैठेगी,
भैय्या साथ बैठेगा
- मेरे साथ बैठेगा
शोर नहीं करुँगी

बातें नही करुँगी,
बस केवल पूछूँगी,
अच्छी बात पूछूँगी
- ये क्या है?
- वो क्या है?
- मम्मा तुम न बोलो,
भैय्या बताएगा!
- मैं जोर से हसूँगी
ताली बजाऊँगी!
आ गए पापा
-प्यारे-प्यारे पापा!
पापा को किस्सी दी
पापा की किस्सी ली
बस, अब गोदी
"गोदी-गोदी"|
- ढेर-सा पुलिंदा
मम्मा की शिकायतें
भैय्या की हरकतें,
अपना होमवर्क
आड़ी तिरछी रेखाएँ,
और बस, कुछ नही -
बस, केवल गोदी,
गोदी संग नाईटी,
अपना ही तकिया,
ओढ़ो-ओढ़ो
पूरी-पूरी ओढ़ो!
सोना है मुझको -
टी.वी. लगाओ,
"जिन्दा-पोट" (लोट पोट) लगाओ,

"बारिश" लगाओ
"म्याँउ-बिल्ली" लगाओ,
कभी कोई कार्टून
कभी-कभी गंगाराम
कभी केवल कृष्णा!
वो नहीं
ये भी
वो भी
- समझ नहीं आता,
नींद में बेहाल
रोते-रोते बुरा हाल!
पापा ने ऊपर देखा,
मम्मा ने गाना गाया
- "प्यारी बिटिया सोने चली!"
- और कन्चू सो गई,
सपनों में खो गई!
परियों की रानी
पापा की दीवानी
प्यारी-सी कन्चू
मेरी प्यारी कन्चू!

12
"नन्ही परी"

***

मन कुछ कह रहा है

सुबह की पहली किरण के साथ

- कुछ बरस पहले रोशन हुई थी ज़िन्दगी

एक नन्ही परी की किलकारियों के साथ! किसी ने कहा, 'लक्ष्मी आई

'मैंने कहा, 'मेरे जीवन में नई बहार आई!'

नई राह बनी,

जैसे जादू हुआ

तुम्हारे नन्हें क़दमों ने नए-नए आयाम दिए!

पंख लगा वक़्त बढ़ता रहा

और यह जीवन बदल गया!

आज सपने तुम्हारे हैं

दुनिया तुम्हें नए रास्ते दिखा रही है

और उन रास्तों पर तुम बढ़ती रहो

मुस्कुरा कर, धीरज के साथ,

मंज़िल अब सामने है

हर सपना साकार होगा!

हर मोड़ पर कुछ नया एहसास होगा

- कुछ और करने की चाहत लिए

तुम बढ़ती रहो
चलती रहो
- हर बढ़ते क़दम के साथ
तुम्हें मेरे क़दमों की आहट सुनाई देगी,
मेरी आँखों में तुम्हें

अपनी परछाईं दिखेगी!

जन्मदिवस की ढेर सारी शुभकामनाएँ!

- तुम्हारे पापा

- 26/08/2017

13

मेरी दुआ

***

वक़्त के साथ सब बदल गया!

पंख फैला कर गगन की
बुलंदियों को छूने को बेताब
यह मन नित नई उड़ान भरता हुआ
कभी रूका नहीं, कभी थका नहीं
हर बार एक नई उमंग के साथ

जुटा रहा!

हौंसला बुलंद रहा

नित नई आशा की किरण का साथ रहा!

एक नई सोच के साथ
हर नई सुबह तुमने
बचपन से अब तक

नए सपनों को जन्म दिया!

देखो! एक बार पीछे मुड़कर

नित नई आशा की उमंग के साथ
हर दिन उड़ान भरी है
कहीं कुछ खोया नहीं,

हर दिन कोई नया भाव पाया है!

अब नए साथी के साथ
एक नया जोश भरा है,
हर दिन नए नए सपनों के साथ
नई ऊँचाइयों को छूती रहो,
सोच को बुलंद रखो
और नित नए जोश के साथ उड़ान भरती रहो,
यही कामना है
यही दुआ मैं करता हूँ,
- यह धरती,

यह अंबर सदा तुम्हारे साथ रहे!

सूरज की हर किरण
और हवा का हर झोंका

तुम्हें नया जीवन दे!

मेरी हर श्वास तुम्हें सँबल दे,
मेरा हर भाव तुममें नया जोश भरता रहे,
यही कामना है मेरी सदा से

सदा के लिए!!

अकांक्षा के जन्मदिन पर
26 अगस्त के लिए

14

तपस्या

(एक मित्र की तपस्या को नमन)

***

कहीं किसी ने कहा -
आशाओं पर पानी फेर जाए तो

मँझधार में नैया फँस जाती है!

कहीं दूर किनारा दिखता है,

और साथ नहीं कोई मिलता है!

- तुम कितनी भी कोशिश कर लो

जहां हो वहीं के वहीं रह जाओगे!

- इस भाग्य के लेख को
तुमने बदल डाला,
हर कठिन परिस्थिति को

नया रूप दे डाला!

जीवन की आपाधापी में
आशा का दामन थाम कर,
अपने लिए नई राह का निर्माण

अपने बूते पर तुमने कर डाला!

कहीं दूर तक कोई साथ नहीं था,
बरसों किसी को ख़बर नहीं थी
सब संगी-सांथी कहीं दूर खड़े थे

- सब अपनी दुनिया में मस्त थे!

दो शब्द सांत्वना के कह कर

हर कोई नेपथ्य में चला जाता था!

मैं होता या कोई और भी होता
तुम्हारी जगह,
बस अपनी बेबसी का ढोल बजाता,
इधर-उधर यूँ भटक जाता,
हर किसी को अपनी व्यथा सुनाता!

लेकिन तुमने कभी हार न मानी
हर संभव कोशिश कर के
बर्फ़ लदे रास्तों पर चलकर
अपने घर–परिवार को नई राह दिखाई!
बच्चों को नई दिशा दिखाई,
बच्चों की ख़ातिर
अपनी सोच को बुलंद रखा!

एक-दो-चार नहीं
तुमने चालीस बरस की तपस्या की,
हर दिन तुमने अग्नि-परीक्षा दी!
एक नहीं, अनेक रूप अवतरित हुए
तुमने उन्हीं रूपों में अपनी छवि पाई!

है कठिन बहुत इस भाव को पाना,
अपनें ही नए रूप से कुछ

आशा न करना,

अपनी छवि से कभी शिकवा न करना!

बस जो मिले उसे प्यार से मिलना

जो मिले उसी के रंग में स्वयं को रंग देना!

यह विविधता,

अनेकता में एकता तुम्हें सबसे अलग करती है!

जीवन में ख़ुशहाली की यही पहचान है

जो केवल तुममें ही झलकती है!

मैं नतमस्तक सदा यह भाव देखकर!

मेरी यही कामना अब ईश्वर से

तुम्हें जीवन की हर ख़ुशी मिले!

होनहार बच्चों का सदा साथ रहे,

और तुम्हारी हर मनोकामना पूरी हो जाए!

जीवन के सातवें दशक

की हार्दिक शुभकामनाओं के साथ!

- 18/01/2022

15

ये क्या कर रहे हैं हम?

***

ये क्या कर रहे हैं हम ?

बड़े होकर भी बच्चों से लड़ रहे हैं हम!

बच्चे हैं, हुड़दंग भी मचाएँगे,

खेलेंगे, कूदेंगे,

पढ़ेंगे, लड़ेंगे

बहस करेंगे, शोर मचाएँगे

और एक नई सोच के साथ

घर से निकल कर अपनी नई दुनिया बसाएँगे!

आज हर घर में

बहसों का बाज़ार गर्म है,

गुटबाज़ी ही नया धर्म है!

कोई मेरे साथ खड़ा है,

और

कोई अपनी बात कहने को आतुर है!

ऐसे में मैं क्यों चुप हूँ ?

मैं भी अपनी ज़िद्द पर अड़ा हूँ!

तुम कुछ भी कहो,

मैं अपनी बात मनवाऊँगा!

मैं बाप हूँ
और इसलिए
अपनी मर्ज़ी चलाऊँगा,
जब जी में आएगा
मैं नया क़ानून लाऊँगा!

लेकिन एकाएक मेरे ख़िलाफ़
आवाज़ उठने लगी है,
बग़ावत की चिंगारी सुलगने लगी है!

लगता है अब मुझे रूकना होगा
ठहर कर समझना होगा,
प्रजातन्त्र का रूप तभी निंखरेगा,
मुझे पहले अपने घर को
ठीक करना होगा,
हम बड़ों के अपनी सोच बदलनी होगी!

यह चक्र है प्रगति का
इस चक्र को नया रूप देना होगा।

इसी चक्र से मैं भी निकल कर

बाप बना हूँ!

और अब बाप हूँ

तो

मुझे मेरा धर्म निभाना होगा

अपने घर से शुरू हो कर
समाज में फैल रहे

भेदभाव को मिटाना होगा!

मैं कैसा पिता हूँ,
जो आने वाली पीढ़ी को
पहचानता नहीं,
उनके मन में सुलग रही
ज्वालामुखी की चिंगारियों को
अनदेखा कर रहा हूँ!

माना मेरे कन्धों पर
बोझ है पूरे परिवार का,
लेकिन यही अग्नि परिक्षा है

मेरे मुखिया के दर्जे की!

परिवार
कहाँ परिवार रहेगा
जब मैं बस
मेरी 'हाँ में हाँ '
कहने वाले बच्चों की सुनूँगा,
मानूँगा
और चाटुकारों की भीड़ को

सलाम करूँगा!

यह तो मेरा धर्म नहीं!

मेरा धर्म है,
विमुख हुए बच्चे की
सोच को समझना,
उसकी सोच को पहचानना,

उसे साथ लेकर
अपने परिवार को निखारना!

मेरी हाँ में हाँ मिलाने वाले
परिपक्व नहीं
वह मेरे अन्ध भक्त हैं,
वह क्या किसी को

नई दिशा प्रदान करेंगे!

जो अपना वजूद न पहचान पाएँ,
नई पीढ़ी की सोच न समझ पाएँ,
वह बागडोर क्या सँभाल पाएँगे ?
वे तो जो चल रहा है,

वैसा करते जाएँगे!

लकीर के फ़क़ीर बने रह जाएँगे!
ऐसे में हालात तो

बद से बदतर हो जाएँगे!

भविष्य रोशन तभी होगा
जब मैं नई सोच को समझ कर,
अपनी सोच में

नई सोच को मिलाऊँगा!

इसी नई सोच से ही
मेरा घर महक उठेगा,
इसी नई सोच से ही
मेरा घर-आँगन रोशन होगा!

- 08/01/2020

16

आज का राजा...

***

अपने हित में
सब कर्म करते।
लोकहित नहीं अहित का सोचे।
उपकार नहीं अपकार की सोचे।'
समस्त कर्म में अहम् महान।
मन-बुद्धि का एक ही कर्म,

विनाश हो जाए चाहे जगत का,
पूरे हो जाए सब मेरे काम।
वह स्वयं को पूज्य माने,
धन-मान-प्रतिष्ठा ही श्रेष्ठ माने।
रूप-गुण-जाति
के नशे में चूर
स्वयं को श्रेष्ठ माने।
इच्छा- आकाँक्षा उसकी असीम,

मिथ्या-भाव में वह जीता,
भ्रष्ट-आचरण ग्रहण किए,
वह इच्छापूर्ति में रत रहता।
वह चिन्ता मग्न रहता।
उसे सदा 'कल' की चिन्ता रहती।
वह विषय-भोग में रत रहता।
वह विषय-संग्रह में रत रहता।

'और अधिक सुख' की इच्छा रहती,
जो सुख मिला, वह भोगता
पर कभी आनन्द न पाता |'
जीवन तो उसका कल की चिन्ता में डूबा रहता |
अपना आज तो बीत जाता,
मृत्यु-पर्यन्त तक चिन्ता रहती,
कब क्या होगा, कैसे होगा ?
कौन मेरे साथ होगा ?
मेरे इस सुख-संग्रह का क्या होगा ?
वह कल्पनाओं में जीता,
वह आशाओं के दीप जलाए रहता |
वह एक आशा से दूसरी |

दूसरी से तीसरी
असंख्य आशाओं के बन्धन में
फँस जाता |
विषय-भोग में काम-क्रोध
का आश्रय होता |
धन-संग्रह की चिन्ता रहती,
न्याय-अन्याय
हित-अहित
किसी ओर का नहीं,
बस अपना न्याय,
और अपना हित,
जीवन का लक्ष्य होता |
हर क्षण एक ही
मान रहता |
आज यह पा लिया,
अब यह भी मैं पा लूंगा |

एक इच्छा पूर्ण हुई,
मेरे पुरूषार्थ से ही पूर्ण हुई,
अब मैं दूसरी पाने का यत्न करूँगा।
अब इतना धन संग्रह कर लिया,
कल इतना मैं कर लूँगा।

पल-प्रतिपल मैं आगे बढ़ूँगा, ऊपर उठूँगा।
हर इच्छा- आकाँक्षा की पूर्ति करूँगा।
वह शत्रु मेरा, मैंने उसे परास्त किया।
मैं अपने हर शत्रु का नाश करूँगा।
जो मेरी राह में आएगा,
जो मेरे ऐश्वर्य को घटाएगा,
मैं उसका नाश करूँगा।
मैं ही ईश्वर हूँ, मैं ही नियन्ता।
मैं सुख-साधन जुटाता, मैं ही इसे भोगता।
मैं सब सिद्धियों का ज्ञाता, मैं बलवान
मैं ही सुख-प्रदाता, मैं धनी बहुत,
मित्र-बन्धु-कुटुम्ब मेरा है बहुत बड़ा।
मेरी एक आवाज पर विश्व खड़ा।
मैं प्रसन्न तो यज्ञ करूँगा,
सुख कामना में मौज करूँगा।
जो मेरा हित करेगा,मैं उसे दान दूँगा।
मैं आनन्द लूँगा,
मैं जीवन-पर्यन्त अब मौज करूँगा।'

कृत
"कविता में गीता"
देवासुर संपद विभाग योग

17
स्वर ही ईश्वर है

***

स्वर सुनकर माँ से ही
तो हम मातृभाषा सीखते हैं।
स्वर सुनकर ही तो हम
अबोध बालक से बड़े हो जाने की पदवी पाते हैं!

स्वर ही तो ज्ञान का भंडार है!
जैसा सुनते हैं, वैसे ही बनते जाते हैं।
स्वर हमारे व्यक्तित्व की पहचान है।
ऐसे में शोर सुनकर,
एक साथ स्वर मिले जानकर
अशांत मन कैसा ठौर पता है!

सुनने में बहुत आसान लगता है
लेकिन स्वर के हर शब्द को
अपनाना कितना कठिन है।
और अपना लिया यदि एक स्वर
तो उसे बदल पाना भी बहुत कठिन है!

- स्वर से बनी मातृभाषा

स्वर ही ईश्वर है!

स्वर ने दिया हर नए धर्म को जन्म!

स्वर ही करता दो भावों का संगम!

स्वर ने ही छेड़ा महासंग्राम

और स्वर से ही बनी सरगम!

कितनी सुंदर लगती है सरगम!

संगीत का साम-स्वर कितना सुखद लगता है!

ऐसे में कान जो सुनते हैं,
आँखें जो देखती हैं,
जिव्हा जैसा स्वाद पाती है,
नाक जैसे सूंघता है,
त्वचा जैसे महसूस करती है

वैसा ही मन समझना शुरू कर देता है!

यही स्वर का उद्गम है!

एक स्वर से दूसरा स्वर बनता है,
और इन सब स्वरों से यह प्रकृति

और प्रकृति ही ईश्वर है!

प्रकृति ही स्वर लहरी है
ऐसे में स्वर ही ईश्वर है।
और इस ईश्वर को
साम स्वर दे सकें

यदि हम तो देखो!

जीवन कितना सुन्दर है।

18
ख़ुशी (१)

***

कितना अच्छा लगता है
जब हर कोई अपने आसपास

ख़ुश दिखाई देता है!

जब भी कोई हँसता है,
खिलखिलाता है
तो मन कहता है '
तुम भी हँसो,
खिलखिलाओ,

सभी ग़म भूल जाओ!

हँसना भूल गए हो
तो अपने अन्तर में झाँक कर देखो,
कहीं किसी कोने में
दबी-छिपी ख़ुशी को ढूँढो,
हँसी को बाहर आने से मत रोको।
उसे मत रोको,

मस्त होकर गले लगा लो!

दूसरों की हँसी में

अपनी हँसी मिला दो!

अपने को अलग करोगे
तो दुनिया अंधेरी दिखाई पड़ेगी।
उस अंधेरे को

दूर करो अपने से।
अपने को
दूसरों की ख़ुशी में रंग दो!

तुम्हारी ख़ुशी,
मेरी ख़ुशी
और मेरी ख़ुशी
तुम्हारी ख़ुशी बन जाए
तो कितना अच्छा लगने लगेगा!

हँसो, ख़ूब हँसो
रोना आए
तो उसे मत बाँटो,
कहीं अकेले जाकर
अपने आँसुओं का
भार हल्का कर लो!

मत सोचो
कि दुख में कोई तुम्हारे साथ नहीं है!

अपने ग़म मत बाँटो
अपने गम
तो तुम्हारे अपने हैं,
उन्हें कहीं दूर छोड़ आओ
जो मिले उसे हँसी दो,
उसे ख़ुशी दो
उसे अपना प्यार दो!

- 21/06/2019

19
मेरी-तुम्हारी कहानी

***

छत्तीस बरस उड़ भी गए

पंख लगा कर

मगर मुझे लगता है

ये कल की बात है!

मेरा तुम्हारा साथ तो

जन्मों से है

दुनिया को मगर लगता है

यह छत्तीस बरस पहले की बात है!

मुझे क्या तुम पहले नहीं मिली थी ?

या जब मिली तो लगा नहीं

कि मेरा तुम्हारा तो

सैंकड़ों जन्मों का साथ है!

यह गिनती मैं नहीं मानता

ये तो इक बहाना है

लोगों के मन को बहलाने का फ़साना है!

मुझे याद नहीं कोई ऐसा पल

जब तुम और मैं साथ नहीं थे!

इस जन्म से पहले भी कई जन्म हुए

और हर जन्म में तुम मेरे साथ थी!

फ़र्क़ बस इतना है कि

एक जन्म से
दूसरे जन्म तक की दूरी
स्याह अंधेरों से भरी थी!
मगर उन अन्धेरों को चीर कर भी
मेरी आँखें सदा तुम्हें ढूँढ लेती थी!
लेकिन ये भी मेरे-तुम्हारे
मन में बसी बात है!
दुनिया अपनी बात कहती है
उन्हें कहने दो!
उन्हें तो यही लगता रहेगा
कि मेरा-तुम्हारा मिलन
छत्तीस बरस पहले की बात है!

चलो! दुनिया की ख़ातिर
हम भी मान लेते हैं
वरना ये सब इसे दीवानगी कहेंगे!
सच मगर शाश्वत है
और जन्मों तक सच यही रहेगा
कि मेरा-तुम्हारा जन्मों का साथ है!

मेरा-तुम्हारा जन्मों का साथ है!
यह छत्तीस नहीं
कई सौ जन्मों की बात है
मेरा-तुम्हारा तो जन्मों का साथ है!

- 13/04/2020

20

एक नई उमंग

***

"मुश्किलें दिल के ईरादे आज़माती हैं
स्वप्न के पर्दे निगाहों से हटाती हैं।

हौंसला मत हार गिर कर, ओ मुसाफ़िर!

मुश्किलें राह में चलना सिखाती हैं!"

- जबसे होश सँभाला,

यही मूल मंत्र बना जीवन का!

यही सुना, यही समझा
और यही मैंने सबको सिखलाया।
बात बनती है,
बिगड़ती है
और फिर बन जाती है।
यह मुश्किल घड़ी आई है

चलेगी और फिर विलीन हो जाएगी!

हम आए हैं, तो हमें सब समझना होगा,
सहना भी होगा,
और तभी तो
चेहरे पर आई मुस्कान

सभी को अच्छी लगेगी!

ज़रा सोचो!

हम कहाँ से चलकर

कहाँ आ गए हैं!

ज़िन्दगी पहले भी चल रही थी,
चल ही नहीं
दौड़ रही थी।
अब भी चलेगी, और तेज़ चलेगी

तेज़ी से फिर दौड़ेगी!

-बस अभी थोड़ा थक गई है
मेरी दुनिया,

चंद दिन आराम करना चाहती है!

देखना! हम फिर दौड़ेंगे

पल भर भी नहीं रूकेंगे,
रफ़्तार पहले से भी तेज होगी,
क्योंकि एक नई सीख,

एक नई समझ का साथ होगा!

ज़िन्दगी नए-नए रंग दिखाएगी

जीने की उमंग का साथ होगा!

चला चल, दोस्त मेरे चला चल!

चलने से ही वक़्त का और
तेरा एक नए रूप में साथ होगा!

- 26/04/2020

21

बचपन कितना अच्छा था!

(यह कविता मैंने अपने पिता को समर्पित की है। नई पीढ़ी के लिए बहुत अच्छी सीख है इसके भाव में)

***

बचपन कितना अच्छा था!

सुबह–शाम तक मस्ती रहती थी।

सोना, सो कर उठना
हँसना-खेलना,
खाना-पीना,
भाग-भाग स्कूल में जाना।
ढेर सी शरारतें और
थोड़ा-सा पढ़ने की आदत।
न ट्यूशन का चक्कर

न इम्तिहान की चिंता!

बस हर बरस पास होने की इच्छा!

नम्बर कितने आए

कभी किसी ने नहीं पूछा!

बस पास होने की सुनकर
माँ ने गले लगाया,

मोहल्ले भर को हलुए का प्रसाद बँटाया!

न सोचा था कभी

कि घर कैसे चलता होगा,
न देखी कभी माँ-बाबूजी के चेहरे के
पीछे छिपी चिंता!
लगता था जीवन सरल है
और सहज-शांत भाव में चलता होगा!
कुछ बड़ा हुआ तो पहचानी
बाबूजी के मन मे छिपी चिंता!
घर के बँटवारे ने तोड़ दिया था मन,
लेकिन बाबूजी ने हार मानना नहीं सीखा था!
यही भाव हमें बतलाया
दुख देख न घबराना हमें सिखाया!
सब ईश्वर की मर्ज़ी पर निर्भर,
बस डटे रहो, मत घबराओ,
इसी भाव से जीवन चलता!
यही मूल मंत्र बना
मेरे जीवन का!

मैं भी आगे बढ़ने लगा!
जो पाना था जीवन में
वह सब मैंने पा लिया!
भरा पूरा परिवार बना,
अपने बच्चों से संसार बना!
आज बहुत अच्छा है मेरा,
पर कल की चिंता ने अब आ घेरा!

सुबह-शाम बस एक ही चिंता
कल क्या होगा ?
कल कैसा होगा मेरा ?
यही सोच का मुद्दा बना,
दिल बैठ रहा, मन व्यथित हुआ!

जो है पास मेरे वह भूल गया
बस खो जाने के डर में
मैं डूब गया! कल की चिंता में
मेरा तन-मन डूब गया!

आँख मूँद कर मैंने तब
अपने बचपन को याद किया,
बाबूजी का चेहरा तब
मुझे अपने दर्पण में दिखा!

छूट गई सब चिंता पीछे,
अपना आज मुझे स्वर्ग लगा!

कहाँ से चल कर
मैं कहाँ आ पहुँचा!

अपने जीवन का बहुत शुक्रिया!

अब यही भाव तुम मन में रखो,
कुछ खोने का ग़म न करो
जो हो रहा उसे हंस कर अपनाओ!

अपने आज में ख़ुश रहो
कल के लिए मत गम मनाओ!

- 19/01/2020

22
ख़ुशी के पल

***

मैं सदा ही कहता हूँ
कि हर पल हसीन होता है,
बातों को कभी दिल में
दबा कर न रखना।
जो बात मुँह तक आ जाए
उसे दूसरे तक पहुँचा कर ही दम लेना!
कोई गिला-शिकवा है तो
बात कहकर
मन को हल्का कर लेना!
बोझिल मन लेकर
जीना भी क्या जीना है!
हम तो सुबह का शिकवा
शाम ढलने से पहले ही
दिल से निकाल देते हैं!
"समय बड़ा बलवान है"
-यह जानते हुए भी,
समय से बड़ा
हम अपने
अहम को मानते हैं!
बस कोई बात खटक जाए

तो मुँह फुलाकर
घर के किसी अंधेरे
कोने में जा बैठते हैं!

अरे! अंधेरा मन का तो रोशनी को
हाथ में पकड़े रहने से ही
भाग जाता है!
और यही रोशनी
मन को महकाए रखती है!
जो दो पल मिले हैं
उन्हें पलकों में समेट लो,
और जब कभी
कोई तुम्हारा अपना
कुछ प्यार की बात
कह रहा हो
तो यादों को उसकी
अपनी पलकों में समेट लो!

ख़ुशी के पल
बहुत अनमोल होते हैं,
घने अंधियारे को चीर कर
सदैव नई रोशनी देते हैं!
इसीलिए कहता हूँ
हंसों-मुस्कुराओ और
अपनी ख़ुशी को बाँट कर
सबके मन को महकाते जाओ!

- 28/05/2021

23
ख़ुशी (२)

***

जान इतनी सस्ती नहीं
कि ज़रा सी महँगी लगे
और अपनी राह चली जाए!

जान सीने में छिपी है
बस हम देख नहीं पाते
कि कहीं कोई
खटखटा रहा है दरवाज़ा
ख़ुशी का,
ज़रा आगे बढ़कर
झांक कर देख तो लें!

लेकिन क्या करें
ख़ुशी पाने की चाह
को मजबूरी के पर्दे के पीछे
छिपा कर हम
सोचने को मजबूर हैं
कि ख़ुशी है,
मेरी है
चली आएगी खुद बे खुद,
मेरे दामन को छोड़ कर
कहाँ जाएगी!

अरे जनाब!

माना मेरा कोई वजूद नहीं है,
लेकिन मैं ख़ुशी को
दामन में छिपा कर
नहीं रखता,
बाँटने की कोशिश करता हूँ
लेकिन क्या करूँ
दुनिया के लोग
ख़ुशी की क़ीमत सुन कर
अपनी आँख मूँद कर
आगे बढ़ जाते हैं!

अरे साहब! ख़ुशी तो
बेशक़ीमती होती है,
उसे कोई ख़रीद-बेच नहीं सकता!
ख़ुशी पाने के लिए बस
थोड़ा यत्न करना पड़ता है,
थोड़ा सब्र करना पड़ता है,
थोड़ा आगे बढ़कर
किसी का दामन थामना पड़ता है!
जीवन बहुत सरल हो जाता है
यदि प्यार बाँट कर
हम हँसना सीख जाएँ!

- 08/07/2022

24

दीपावली

(१. शुभकामनाएँ)

***

दिवाली शुभ हो सभी को
हर दिन नया सवेरा
नए भाव लिए आए
हमें मुक्ति मिले प्रदूषण से
हमें भेदभाव से मुक्ति मिले!
हमें शक्ति मिले, हम मिल कर साथ चलें
आगे बढ़ें, बढ़ते रहें!
धर्म मेरा आधार स्तंभ
धर्म मेरा कर्तव्य पालन!
हर धर्म मेरा सर्वोत्तम!
कोई नहीं मुझसे बड़ा
नहीं किसी से मैं छोटा!
बस हम साथ चलें
बढते रहें! दीपावली मन रोशन कर दे
अँधियारे को दूर करे
मन से, जीवन से
यही कामना है मेरी
सबके लिए!

- 07/11/2018

25

मैं दिल में दीप जलाऊँगा,

(२. शुभकामनाएँ)

***

मैं दिल में दीप जलाऊँगा,
मन में छाये तम को
हर दिन दूर भगाऊँगा!

तुम एक बरस में
एक ही दिन दीप जलाओ,
मैं मन को अपने रोशन करके
हर रोज़ दिवाली मनाऊँगा!

मेरा राम
मेरा आराध्य देव,
मेरे जीवन का उद्गम,
वही मेरा प्रकाश पुंज!
राम बसा है मन में मेरे,

मैं राम की ज्योति जलाऊँगा!
मेरा राम
मेरे ज्ञान का सागर,
मैं ज्ञान की गागर भर कर

इस भव सागर से तर जाऊँगा!

मैं अहम भाव से दूर होकर

राम नाम से आलोकित हो जाऊँगा!

मैं दिल में दीप जलाऊँगा
मन में छाये तम को

हर दिन दूर भगाऊँगा!

- ज्ञान मयी दीपावली शुभ हो सबको!

- 24/10/2022

26
वक्त बदल रहा है!

***

वक़्त बदल गया है
हमारी सोच बदल गई है,
हम बस बातें करते हैं,
हम बस बहसें करते हैं
- चीख-चीख कर
अपनी बात सिद्ध
करने की कोशिश करते हैं!

बात सिर्फ़ छोटी- सी है
- मैं भी ईश्वर की
आराधना करता हूँ,
कृष्ण और राम का
गुणगान करता हूँ,
लेकिन राम नाम जप कर
मैं ध्यान मग्न होता हूँ,
- न कि चीख कर, चिल्ला कर
प्रभु का नाम लेकर,
- मैं स्वयं को ईश्वर का
सबसे बड़ा सेवक कहलाने की
उद्घोषणा करता हूँ!

मेरा- तुम्हारा- हम सबका ईश्वर,
मेरा आराध्य मेरे मन में बसता है,
- उसे चीख चीख कर
पुकार कर
मैं कुछ और नहीं

उसे रुष्ट ही करता हूँ!

सब अपने ईश्वर को पहचानो
स्वर समझो
शब्द पहचानो,
- वह तो मन मैं है
तुम्हारी साँसों में है,

आँख मूँद कर देखो उसे!

मेरा ईश्वर
- मेरी आवाज़,
मेरी वाणी से नहीं

मेरी आत्मा से सुनता है!

- 19/07/2022

27
क्या से क्या हो गई है ज़िन्दगी

***

कभी-कभी बहुत अजनबी
लगती है ज़िन्दगी,
कभी-कभी खुद से बेख़बर
लगती है ज़िन्दगी!

रात के स्याह अंधेरे में
जब कहीं शोर नहीं होता,
जब सारा शहर सो रहा होता है
तब आकाश में तारें खोजने
की कोशिश में
मैं नज़रें उठा कर देखता हूँ
तो वहाँ भी मुझे
अब सब धुंधला दिखाई देता है,
कहीं तारों भरा आकाश नहीं
हाँ,
थोड़ी बहुत चाँद की धुंधली
छवि दिख जाती है कभी-कभी!

मेरा शहर ऐसा तो नहीं था
पहले कभी,
मेरे कब के बीत चुके बचपन में तो
आकाश तारों से भरा होता था,
चंदा मामा की कहानियाँ सुनाकर,
हर दिन उसका

घटता- बढ़ता रूप दिखाकर,
माँ ने न जाने कितनी
कहानियाँ सुनाई थी!

हर ओर चहल पहल थी
ख़ुशहाली थी,
हर रात की प्रतिक्षा में
तब हर दिन
हँसते-खेलते बीत जाता था!

अब देखो!
वक़्त ने कैसा पलटा खाया है,
रात की सोच कर भी
डर लगने लगता है!

यह स्याह अंधेरा अब मेरे
शहर को खा रहा है!
दिन भर चारों तरफ़
लोग चीखते-चिल्लाते
नज़र आते हैं,
हर कोई स्वयं को
दुध का धुला कहता है,
और
सामने खड़े प्रतिद्वंद्वी को
चोर साबित करनें में लगा
वह खुद भी

चीखता है, चिल्लाता है!

बचपन में सुनी कहानियाँ
अब बेमानी लगती हैं,
चाँद-तारों भरा आकाश
अब कोई मायने नहीं रखता,
अब बस मन भावन
लुभावने वायदे करके,

लच्छेदार शब्दों की माला जपकर,
किसी तरह एक बार
राजा बनने की होड़ में
जुटे लोगों की भीड़ का
हिस्सा बनकर,

अपने ही बनाए भ्रमजाल में
हर दिन लिप्त हुए
सुबह से शाम करने वाले
मानस के लिए
कोई कहानी
कोई सबक़ मायने नहीं रखता!

वह अमरत्व पा चुका है
उसे कल की नहीं
केवल आज की चिंता है,
और
उस चिंता के लिए उसने
आम आदमी को

दिवास्वप्न दिखा कर

अपने वश में कर रखा है!

अब चाँद-तारों की नही
चंद सिक्कों में बिकती हुई
ज़िन्दगी है

और उसी से लिपटी हुई कहानियाँ हैं!

अब इसी ढर्रे में लिप्त
रहने को ही

कहते हैं ज़िन्दगी!

मेरे देखते- देखते
क्या से क्या हो गई है ज़िन्दगी!

- 4/12/2022

28
तुम्हारा साथ!

***

वक़्त के साथ सब बदलता गया

साथ फिर भी तुम्हारा बना रहा!

मौसम बदला

ऋतुएँ बदली

उम्र के हर पड़ाव के साथ

सब बदलता गया

साथ फिर भी मेरा तुम्हारा बना रहा!

हर कदम साथ-साथ चलते रहे

कभी रूठे, तो कभी हंसते हुए

नित नए मुक़ाम हासिल करते रहे!

राह पत्थरों से थी चाहे भरी

प्यार की हर नजर से

फूल बरसते रहे!

मुश्किलों से भरे दिन कैसे कटे

न ख़बर मुझको लगी

न तुमने कभी कोई शिकवा किया!

हर क़दम पर साथ तुमनें दिया

मुस्कुराते हुए यह सफ़र कटता रहा!

अब बस एक ही तमन्ना है
हर दिन तुम्हें
एक नई उमंग का साथ मिले।
नई राह मिले, नए आयाम मिलें

आने वाला हर पल तुम्हें

और निखार दे!

तुम्हारा हर भाव मुझमें
नया जोश भरता रहेगा
और मेरा जीवन

हर दिन और निखरेगा!

- 24/08/2020

29
हर जन्म का साथ!

***

तुम सितारों कि दुनियाँ
से बहार बन कर चली आई
मेरी वीरान दुनिया को रंगीन बनाने!
बचपन में देखता था
टिमटिमाते सितारों को
माँ कहती थी, गिन कर दिखा तो मानूँ!
जितने तेरे सिर पर बाल हैं
उतने ही सितारे हैं

आसमान में!

गिन ले, गिन कर दिखा!

न मैं कभी गिन पाया,
और कभी गिनने की कोशिश भी की
तो मेरी गिनती

सौ से ऊपर न जा पाई!

तारों को गिनते-गिनते मैं बड़ा हो गया!

और तब
एकाएक मुझे समझ आया
कि

बेमानी है तारों को गिनना!

मुझे तो
एक ही तारे की तलाश होने लगी
और तब एक दिन
अचानक मैंने
वो तारा ढूँढ लिया,
वो आकाश से चलकर
मेरी ज़िन्दगी को
रोशन करने
न जाने कब से

मुझे ही ढूँढ रहा था!
मैं तो तारों भरे आकाश को देखते हुए
उसे पहचानने की कोशिश में
लगा था
और वह एकाएक एक दिन
स्वयं

मेरे सामने आकर खड़ा हो गया!

उसकी पहली ही
मुस्कान देख कर
मैं उसे पहचान गया ...
वो तारा और कोई नहीं,
-वो तारा तुम ही थी!

एक ही झलक पाकर तुम्हारी
मैं दिवाना हो गया,
और वह दिवानापन मेरा
आज भी

मेरी साँसों में बसा है,
आज भी सोते-जागते
उठते-बैठते
मुझे तुम्हारी मुस्कुराहट के सिवा

कुछ भी नहीं सुझाई देता!

बस ज़िन्दगी मेरी हो तुम
और यह जन्मों का साथ है,
जो न जाने कब शुरू हुआ था

कभी न ख़त्म होने के लिए!

आज हैं
यही सत्य है
बस मिलकर, मुस्कुरा कर
एक साथ जी लें

जी भर कर!

- यही कामना है
आज भी,
कल भी और यही रहेगी

जनम-जनम तक!

- बस तुम्हारे लिए!

- 24/08/2021

30
नई ऊर्जा का मिलन

***

तुम्हारी
एक ही मुस्कुराहट से
मेरे जीवन में

नई ऊर्जा का संचार हो गया!

यह जनम- जनम का मिलन
तुम्हारे जन्म के साथ ही

साकार हो गया!

कुछ अलग नहीं
कभी था मेरा अपना,
तुम्हारे साथ से ही

पूरा हुआ मेरा हर सपना!

कोई संयोग नहीं
बहुत ऊर्जाओं का मिलन है

तुम्हारा जन्म!

एक-एक करके
हम नित नया
रूप धारण करते,
नित नए संयोग हैं बनते,

और वहीं कहीं
यह मिलन होता,
दो मन मिलते
नई ऊर्जा का संचार होता!

मैं नतमस्तक हूँ
इस जीवन चक्र का
जिसके कारण
मेरा तुमसे परिचय हुआ!

यह पल अनमोल रत्न
इस दिन को मेरा नमन!

चलो! दीप जलाएँ आज
तुम्हारे नाम से रोशन कर दें
यह आँगन, यह जीवन!
तुम्हें ही नहीं मुझे भी
यह जन्मदिन मुबारक हो!

- 24/08/2022

31
कठपुतलों की दुनिया

***

मैं परेशान हूँ
दोस्त कौन है
और दुश्मन मेरा कौन ?
रोटियाँ सेंकते मज़दूर को
देखा था सड़क के किनारे
आज उसी मज़दूर पर

गाज गिर रही है!

मेरा-तुम्हारा कुछ नहीं होगा
क्योंकि मेरे-तुम्हारे पास तो डंडा है,
साथ ही महँगे हो चुके

क़ानून का सहारा है!

राह पर बैठे
उस मज़दूर का क्या होगा,
जिसने मेरा और तुम्हारा
घर बनाया है ?
आज वह बेकार बैठा
ढूँढ रहा है
सड़क का कोई किनारा,
जहां वह शाम ढले
रोटी सेंक सके

पेट भरने को!

लेकिन यहाँ अब कुछ नहीं बचा
रोटियाँ तो सेंक रहे हैं चंद नेता!

वहीं देंगे तुम्हें खाने को
पर शर्त है कि तुम ईंट-पत्थर ढोकर
घर बनाने की बजाए,
अपने बनाए चमन को

जला डालो, भून डालो!

राज करने का यह नियम
फिर दोहरा रहा है कोई

बंद कमरों में बैठा!

इसे रोको कोई,
यह आगज़नी,
यह लूटपाट
हमें बस कठपुतलियों की मानिंद

नचा-नचा कर बरबाद कर जाएगी!

ओ मेरे मालिक!

मेरे खुदा! मैंने तुम्हें अपना सरग़ना बनाया है,
तो कम से कम
मेरी रोटी बनाने की

जगह तो सलामत रखो!

इन कठपुतलों को
कोई ऐसा काम दो
कि देश मेरा खुशहाल रहे!

- 25/02/2020

32

अह्म से परे

***

अहंकार, ईर्ष्या, कुढ़ना
यह सब हमारे बस में है
लालच छोड़ें
जो मिले, उसे मुस्कुरा कर मिलें।
कोई आए उसका सत्कार करें,
सहायता माँगे
यदि वह आपके सामर्थ्य में है
तो ज़रूर करें।
ज्ञान एक ऐसी चीज है
जो बाँटने से बढ़ती है।

उससे पेट की भूख शांत नहीं होती!

लेकिन ज्ञान पाने वाले से
सदैव आशीर्वाद मिलता है
और वह आशीर्वाद

ढेर से रास्ते खोल देता है!

लेकिन वहीं ज्ञान-दंभ
पैसा ज़रूर दे सकता है,
शांति से मगर हम वंचित ही रहते हैं।
दूसरों को देख कर
तब बस ठंडी साँस भर कर रह जाते हैं

- 22/04/2020

33
आओ! हम सब साथ चलें

***

आओ!

कुछ नया करने की सोचें

फिर एक बार!

एक बार फिर पिरोएँ

चन्द शब्दों की नई माला,

कुछ याद करें,

कुछ भूल जाने की कोशिश करें!

एक नई उमंग के साथ

आने वाली हर नई सुबह

का स्वागत करें!

समय कभी चाल नहीं बदलता,

हर मौसम में

सहज भाव लिए चलता है!

आओ! हम भी अपने जीवन में

सहज भाव अपनाएँ!

व्यर्थ की चिंता छोड़ें,

निरर्थक बातों से मुँह मोड़ें,

मेरी मैं-मैं से परे

हर क़दम के साथ
क़दम मिलाकर आगे बढ़ें!
अपनी सोच में
हर नई सोच का स्वागत करें!

मेरी मानों तो
हर दिन उत्साह भरा होगा,
इस नए बरस में हर दिन
एक-एक करके
एक नया अध्याय लिखा जाएगा!

नई दुनिया के लिए
यह नया बरस
एक नया आयाम,
एक नया सन्देश लिए आएगा!
- यही कामना करता हूँ
मैं हर पल,
हर दिन अपने ईश्वर से!

- 31/12/2022

34
जीने का मज़ा

***

मैं छोटा नहीं
बहुत बड़ा बन जाता हूँ
जब-जब मैं दूसरों को
झुक कर सुनता हूँ
और ताल से ताल मिला कर
अपने सपनों की चादर में
बहुत से धागे
उनका नाम ले कर बुनता हूँ!

सूत के धागों से बुनी चादर
मख़मल से कम नहीं लगती,
मेरे चाहने वाले के
हाथों की सुगंध
मुझे मदहोश किए जाती है!
ऐ दोस्त मेरे, तेरी ख़ुशी के लिए
जीने का मज़ा
कुछ और ही है,
अपने लिए तो मैं
हर घड़ी जीता हूँ!

- 01/12/2019

35

नया सवेरा

***

क्या हुआ और क्या हो सकता है ?

-इससे ऊपर उठना ही जीवन है!

पैसा-शोहरत हासिल कर के भी

कोई बड़ा नहीं बन पाया!

और कोई कल क्या था
- इसकी चिंता
कोई क्यों करे ?

चिंता तो नींद उड़ा देती है!

और एक मुस्कुराहट

हमें सब भूला देती है!

कल हम क्या थे,
और कल क्या हो जाएँगे ?
इसकी चिंता में डूब कर
कभी हम

चैन से एक निवाला भी न निगल पाएँगे!

ईशवर नियंता है
वहीं सब करता है

-यही सोच ही सबसे बड़ी सोच है!

मैंने जो किया और मैंने जो पाया

वह यदि मेरे बस में होता
तो शायद मैं जो हूँ
वह कभी न होता!

हो सकता है मैं कोई सितारा होता,
दुनिया का हर बाशिंदा मेरी झलक को तरसता!

या फिर मैं किसी काल कोठरी में पड़ा
सड़ रहा होता!

इसका मापदंड
न किसी क़ानून में है
और न ही मेरे-तुम्हारे हाथ में।!

बस जो दूसरों को देख कर
दुखी रहता है,
वही लिप्त है,

वही दूर है जीवन की सच्चाई से!
और वही अपनी तराज़ू हाथ में लिए
बंदर बाँट को लगा रहता है!

या फिर दूसरों की ज़िन्दगी से निष्कर्ष निकालता रहता है!

जब समझ आए
उसी को सवेरा मानें

यही जीवन का सार है, मेरे दोस्त!

- 22/04/2020

36
जीवन की बसन्त

***

जीवनचर्या अब बदल रही है!

साल दर साल
बसन्त ऋतु
कोई नया सन्देश लिए
तुम्हारे जीवन में

दस्तक देती रही है!

बदलाव का यह मौसम
नया सन्देश लिए आया है
- फूलों की सुगंध की मानिंद
तुम अपनी महक से

हर मन को महका दो!

वक़्त अब भाग रहा है

अब नहीं यह रुकने वाला!

अपने भीतर झांको,
समझो वक़्त की नज़ाकत
दूसरों के दोष और गिले शिकवों से बाहर निकल कर
मुस्कुराओ
हाथ फैलाकर

सबको गले लगाओ!

- 26/02/2021

37
दोस्त कौन ?

***

दोस्त वह नहीं
जो हाँ में हाँ मिलाए,
चाटुकार बना
साथ निभाने की क़समें खाए,
शोहरत का गुणगान करे,
या पैसे की चकाचौंध में
झूठ को सच साबित करने में जुटा रहे!

दोस्त की पहचान तो
उसकी आहट से होती है,
वही एक है जो
वक़्त रहते बंद आँखों को खोल जाए,
गिरने लगो
तो आकर हाथ थाम ले
और गलती करो तो
सीधे- सीधे हाथ रोके
और न मानो तो
कड़ा रूख अपनाए,
फिर भी बात न बन पाए
तो गाली देने से भी न चूके!

यूँ तो हर महफ़िल में
दोस्त ही दोस्त होते हैं,

लेकिन
ये भी अलग बात है
कि
हाथ पकड़ कर
रास्ते पर लाने वाले
दोस्त बड़ी मुश्किल से मिलते हैं! 🤚

उम्र के इस मुक़ाम पर
अब दोस्त नहीं वक़्त काटने वाले
जाम से जाम टकराने वाले
राहगीर मिलते हैं 🤚

चलो! एक कोशिश करें,

पीछे राह में छूट गए
किसी एक दोस्त को ही

ढूँढ निकालें!

कहीं आसपास ही होगा
आवाज़ देकर तो देखें,
तो बाहर निकल कर

ज़रूर हाथ थाम लेगा!

चलो! इस नए बरस में

एक कोशिश ही कर लें!

- 01/01/2023

38
धर्म की चादर

***

तुम ओढ़े रहो धर्म की चादर
सड़कों पर उतर कर चाहे शोर मचाओ।
मैं तो दीवाना था दीवाना हूँ तेरे नाम का

मुझे ढोल पीटने की ज़रूरत नहीं!

तुम मेरे साथ थे सदा से

तुम मेरे साथ रहोगे सदा!

ये मंदिरों की घंटियाँ
ये मस्जिदों की अज़ाने
तुम्हें जगाती होंगी
मेरे कान्हा या मेरे मौला को नज़दीक से दिखाती होंगी
मुझे तेरे शोर से वास्ता नहीं

अरे! क्यों भटक रहा है तू

ज़रा मेरी नज़र से देख
मेरा मालिक सदा मेरे साथ है
उसे तेरा चीख़ना-चिल्लाना नहीं पसंद
वह तो मस्त है मेरे-तेरे साथ में

उसे बस मस्त रहने दो! तुम चाहे चीख़ो-चिल्लाओ

वह तो सदा से मुस्कुराता
बाँसुरी बजाता मेरे साथ खड़ा है!

- 03/01/2019

39
कृष्ण भाव

***

स्वचालित है यह जीवन
चले जा रहे हैं हम भी
हरदम, हर क्षण!
कोई है नेपथ्य में
सुनिश्चित किए
कि
किस-किस को
कब कब क्या करना है,
किस-किसको
किस भाव में रखना है!

परेशान हैं,
अकारण ही हम,
मन प्रसन्न तो हंसते हैं,
और मन भयभीत यदि
तब आँसू बहा कर
रो लेते हैं!

कोई मन माँगी मुराद
मिल जाए यदि
तो प्रसाद चढ़ा देते हैं,
और
मन यदि घबराने लगे

कदम यदि डगमगाने लगें
तो गिड़गिड़ाते हैं
-पूजा पाठ में
लीन हो जाते हैं!

मन्नतों के ज़ोर पर
चल रही यह ज़िन्दगी,
बस ज़रा-सी ख़ुशी मिले
तो नाचते हैं,
भोग लगा कर
ढोल-मंजीरे बजाते हैं!

मेरा कृष्ण भी
बहुत निराला है,
हर भाव में
जहां है,
वहीं खड़ा रहता है,
मुस्कुराते हुए
चेहरे पर हमारे
बदलते
हर रंग को
देखता रहता है!

काश! हम भी
सम भाव रख पाते,
दर्प से परे रहकर
उसकी लीला को समझ पाते!

लेकिन यह भी तो
सरल नहीं,

ग़रूर से पीछा छुड़ा पाना
बहुत कठिन,
मन में बसा यह प्रबल भाव,
बडा, सबसे बडा
बन कर जीना ही
मेरा लक्ष्य!
प्रयत्न नहीं
कोई यत्न नहीं
बस ग़रूर से लिपटे रहें,
और इसी ग़रूर के दम पर
दूसरों से बड़े बनकर
हम राज करते रहें!

दंभ में जीना,
बड़े से बड़ा बनना ही
जीवन का ध्येय
बना हम सबका!

यही जीवन-चक्र की धुरी,
यही मेरा तुम्हारा जीवन!
यही कृष्ण की लीला है
यही कृष्ण का भाव है!

- 01/09/2022

40

जीवन तरंग

***

जीवन मिला, स्वर साथ मिला

हर नई सुबह, नए भाव मिले,

प्रतिपल, नए सोपान मिले।

कोई माँ रूप में मिला,

कोई पिता भाव में आया

कोई मित्र–बंधु, कोई राह चलता राहगीर मिला!

पहले लगता था, सब मैं करता हूँ

अब जाना, सब तुमने किया!

स्वर मिला, तो शब्द मिले, शब्द जोड़ नए भाव मिले

हर शब्द ने नित नया रूप रचा,

हर रूप में नित नया रंग मिला,

नए रंग ने मुझे, नया रूप दिया!

अब तठस्थ भाव में होकर जाना

यदि तुम न होते तो ये न होता

वह न होता तो कुछ न होता!

मेरा 'मैं' अब नहीं रहा जीवन में हर रंग नया

तुमने ही भरा! हर नए सोपान को नमन मेरा!

कृतज्ञ हूँ जनक-जननी,

मित्र-बंधु अपने हर गुरुजन का!

- 2003

41

चीन की दीवार

***

दिल सदैव मचलता था

कल्पनाएँ कई करता था -

'दूर सरहद के उस पार
है एक चीन की दिवार '
- बस यही सुना था
बचपन से लेकर अब तक।
कल्पनाएँ थी,
किस्से थे,
कहानियाँ थी
- मन व्याकुल था
मन उत्सुक था -
देखने को हरदम तैयार,

भला कैसी लगती होगी चीन की दिवार!

लकिन यह मात्र स्वप्न था
छलावा ही लगता था,
कभी देखा जो नहीं था

सरहद के उस पार!

मन अपनी सीमाओं के
भीतर रहता सपनें बुनता था,
कल्पनाओं में ही खुश रहता था।
मैं पंछी की मानिंद

पंख फैलाए
सारी धरती, सारा आकाश
एक ही मानता था।

चीन की दिवार से

मेरा क्या वास्ता!

- मैं चीन की दिवार से पहले ही
सारी खुशियाँ
सारी ज़न्नत

अपने घर को ही मानता था!

लेकिन जब स्वप्न टूटा,
आकाश से नीचे गिरा,
अक्स को अपने
जब मैंने आईने में देखा,
-दूसरों के चेहरे के
भावों को देखा
तो जाना
- चीन की दिवार तो
अक्स है

मेरे-तुम्हारे मन का!

चीन की दिवार तो
दिल में बनती है,
दूर सरहद पार जाने की
क्या ज़रूरत,
चीन कीदीवार तो
हर घर में दिखती है

- मन के भीतर
झाँक पाओ तो जानो!

मन में बसी
चीन की दीवार के उस पार
देख पाओ तो जानो,
सारी धरती,
सारा आकाश,
एक मान पाओ तो जानो ;
चीन की दीवार छोड़
मन कीदीवार तोड़ पाओ तो जानो,
- लकिन क्या करूँ,

मैं भी तो एक इन्सान हूँ!

- 29/06/2014

42
एक नई महाभारत!

***

इक्कीसवीं सदी आते ही

दौड़ की होड़ में

सब कुछ बदल रहा है!

ऐसा लगता है

हमारा ब्रम्हाण्ड

अब अपनी रफ़्तार से

सौ गुना तेज़ी से चल रहा है!

जो पिछले बीस बरस में हुआ

कभी उससे भी बीस बरस और पहले

कल्पनाओं में आकाश कुसुम तोड़ लाने

जैसी बात लगती थी

मेरे आज की दुनिया!

चंदा मामा की कहानियाँ सुना कर

सुलाती थी माँ मेरी!

अब कहूँगा चाँद को मामा

तो बच्चे मुझे अजूबा कहने लगेंगे!

बच्चों को अजूबा तो

रामायण और महाभारत का काल
भी लगता है!
वो हैरी पोटर की मानिंद
कोई पिछली सदी का उपन्यास ही लगता है!
हर पात्र द्वापर युग का
कपोल कल्पनाओं से भरा लगता है!

रामायण की कथा सुनकर
हम भजन-कीर्तन में लीन हो जाते हैं,
मर्यादा पुरुषोत्तम राम की बातें करते हैं
गुणों का बखान करते हैं,
लेकिन राजधर्म निभाने के लिए
हम अपनी हर मर्यादा को भंग करके
अपने अहम के बल पर
अपने मान-मूल्यों को ही
सर्वोच्च मानते हैं!

मैं ही सबसे बड़ा,
मैं सर्वश्रेष्ठ-सर्वशक्तिमान,
मैं प्रसन्न तो सबका कल्याण करूँगा!
जो मेरा हित करेगा
मैं उसका घर ख़ुशियों से भर दूँगा!

विषमताएँ बढ़ रही हैं
लगता है हम सदी के
निर्णायक मोड़ पर आ खड़े हुए हैं!

एक और राजा बनकर
मैं अपनी ही प्रजा को
अन्धानुकरण करने को प्रेरित करता हूँ!

दिन-रात बस उसे
डर कर जीने को उकसाता हूँ!
दूसरी ओर उसे
विश्व विजयी बनने का
अपना सपना साकार करने को,
चाटुकारों की सेना के साथ
मनभावन सपनों की दुनिया
में ले जाकर,
उसके सपनों को
सच करने का वायदा करता हूँ!

लेकिन यह प्रयोजन मेरा कब तक चलेगा ?
यह प्रलोभन क्या और चल सकेगा ?
मैं सुन पा रहा हूँ
नेपथ्य में कहीं महाभारत का शंखनाद!

बड़ा भयानक मंजर सामने आ खड़ा हुआ है!
भाई-भाई कहकर
हर कोई पीठ पर ख़ंजर घोपने को तैयार खड़ा है!

धृतराष्ट्र बनकर अब राज नहीं कर सकते,
अब पाप-पुण्य नहीं

प्रेम भाव से मिल जुल कर ही

हम नया संसार बना सकते हैं!

वरना क्या होगा

अब अठारह दिन में नहीं

एक ही पल में हम निर्णायक युद्ध कर

सब कुछ नष्ट-भ्रष्ट कर सकते हैं!

महाद्वीप सात और सात ही सागर

क्या सबका विलय करके

चाँद-तारों से दूर कहीं

कोई नई दुनिया बसाने का प्रयोजन है ?

मेरी मानों तो

जहाँ हो, वहीं रूक जाओ!

ऊँच-नीच

जाति-धर्म की दिवार गिरा दो!

अपने अहम से बाहर आकर

यहीं एक नया संसार बनाओ!

शांतिदूत बनकर जो जीवन मिला है

उसी में रम कर

इस दुनिया को खुशहाल कर दो!

- 03/02/2021

43

सपनों का सौदागर

(चुनाव चर्चा)

***

हम तारीफ़ नहीं करते

हम तोहमत लगाते हैं!

हमें उपलब्धियों से क्या लेना

हम तो सामने आए हर शख़्स को चोर बताते हैं!

मैंने क्या किया ?
- इसका हिसाब मत माँगो
बस तुम अपनी कहो
- तुमने अपने राज में क्या किया था ?
-तुम भी तो पहरेदार थे?
तुम भी को सपने बुनने वालों के सरदार थे ?
बहुत मज़े तुमने किए

अब मुझको भी कुछ करने दो!

मैं अकेला नहीं इस भीड़ में
जो आकाश कुसुम तोड़ लाने के

सपने बेच रहा!

- अरे हर गली, हर मोड पर
कोई न कोई खड़ा

यही सब कर रहा!

हर कोई सपने बेच रहा!

ख़ुद ही सपने बुनता है

ख़ुद को ही सब कुछ बेच रहा!

देखो!

मैं अब तक तो हाशिए पर खड़ा था,

अब मुझे भी मौक़ा मिलेगा!

मैं सब सपने अपने साकार करूँगा!

तुम रूको नहीं

मेरे साथ चलो!

मैं हर सपने को अपने

साकार करूँगा!

तुम भी देखोगे

सब साथ मेरे!

छू न पाए सपनों को

तो क्या हुआ ?

मैं तुम्हारा तारणहार

दिन-रात तुम्हें झलक ज़रूर दिखलाऊँगा!

कितनी उन्नति हम कर लिए

कितने सपने साकार हुए

दूरदर्शन पर मेरा चेहरा देख कर ही तुम जान जाओगे!

मैं तुम्हें मिल न पाऊँ चाहे

मेरी बातें हर किसी के मन में घर कर जांएगी!

तुम दिन-रात मेरा गुणगान करोगे

और यहीं से मेरे विकास का रास्ता तय हो जाएगा!

मेरा विकास ही तुम्हारा विकास हुआ माना जाएगा!

इतिहास की हर किताब में मेरा नाम स्वर्णिम अक्षरों

में लिखा जाएगा!

तुम मेरे साथ हर युग में जाने जाओगे,
क्योंकि तुम्हारे बिना मेरी गति

कोई गति नहीं कहलाएगी!

तुम्हारी एक अंगुली मेरे जीवन में

मील का पत्थर बन जाएगी!

उठो! अब और मत सोचो!

मुझे झट से वोट दे दो!

मैं सपनों का सौदागर
अब अपने सपनों को साकार करूँगा,
पाँच बरस तक मौज करूँगा
और मेरा वायदा है तुमसे

मैं पाँच बरस में फिर से तुम्हें सब हिसाब दूँगा!

बस तब तक तुम मेरे नाम की माला जपते रहना,
मैं लौट कर तुम्हें

नए सपनों की रूपरेखा बताऊँगा!

नए युग का मैं निर्माता
तुम्हें नए सपनें दिखाने

अवश्य लौट कर आऊँगा!

- 06/05/2019

44
दिल बड़ा होना चाहिए!

***

दुनिया तो
पहले से ही बड़ी थी,
इतनी बड़ी
कि एक छोर से
दूसरे छोर का पता नहीं था!

न साधन थे
और न ही
हम इतने सम्पन्न थे
कि
हिम्मत करके निकल पड़ते
दुनिया को नापने!

कोई एक ही विरला
था ऐसा,
जनून सवार था मन में जिसके,
जो
कुएँ से बाहर निकला
और हिम्मत करके
दोनों सिरों को
नाप लिया था जिसने!

बस फिर क्या था
- पूरी की पूरी दुनिया
चल निकली,
होड़ की दौड़ में
सब भागने लगे!

मैं बड़ा
सबसे बड़ा
- मैंने दुनिया को
सबसे पहले जीत लिया!
एक छोर से दूसरे छोर तक
साम्राज्य मेरा!

और उसी भीड़ में
मैं भी था एक अकेला
देख रहा था सब ठगा हुआ!
होड़ की दौड़ में
भागते हर बाशिंदे ने
कुएँ का मेंढक
कह कर मेरा नामकरण किया!

लेकिन आज तक मैं
यही मानता हूँ
कि
दुनिया चाहे
कितनी बड़ी भी बन जाए,

लेकिन
एक ही सत्य शाश्वत है
कि
इस दुनिया से बड़ा,
बहुत बड़ा

मेरा-तुम्हारा

दिल हो सकता है!

दिल सबसे बड़ा हो
तो दुनिया को
नापने की ज़रूरत नहीं पड़ती,
दुनिया खुद ब खुद
मुट्ठी में आकर

समा जाती है!

- 04/08/2022

45

भाईचारा

(सन 1989 में लिखी थी यह कविता। मेरे बचपन से लेकर अब तक मैंने हर कहीं जाति और धर्म के नाम पर अपने समाज को बंटते देखा है! चंद धर्म के ठेकेदारों ने सबको गुमराह करने का जैसे ठेका ले रखा है! यह भेदभाव निरन्तर बढ़ रहा है और हम सब आँखों पर पट्टी बांधकर अंधे हो गए हैं!

ऐसे में हालात बद से बदतर होते जा रहे हैं!

ठहरो सभी, ठहर कर ज़रा सोचो–समझो, वक़्त हाथ से निकला जा रहा है!)

***

कहीं जाति
कहीं धर्म के नाम पर
नारा बुलन्द है
- एक हो जाने का!
भारत पर नहीं
अपनी जाति
अपने धर्म पर
मर-मिटने की आवाजें
घर-घर,
गली-गली
गूँज रही हैं–
लगता है,
भारत पर मर-मिटने वाला
अब

देश का प्रहरी ही रह गया है!
कोई आत्मदाह को बेचैन
कोई आमरण अनशन को,
कोई राईफल की गोली चलाने को बेताब,
तो कोई
बम के आतंक का नियोजक!
दिशाहीन जीवन की गाड़ी
अनवरत चल रही है
- बहसें हो रही हैं,
- बंद-हड़तालों का आयोजन है
- आतंक फैला कर
अपना राज कायम करने का प्रयोजन है!
कोई दमन-चक्र में
पिसने की दुहाई दे कर
'जे.के.एल.एफ' बनाता है,
तो कोई धर्म की दुहाई देकर
अपने घर में एक नया घर
बनाने को उतारू है
और कोई
इतिहास की दुहाई देकर
इतिहास दोहराना चाहता है!

मेरा धर्म क्या है ?
मैं हिन्दू
मैं मुसलमान
मैं सिख
मैं ईसाई...
लेकिन मेरा 'मैं'

मुझमें छिपी-बसी

भारतीयता को भूल चूका है!

मेरा भारत कहाँ है!

किसी मंदिर में?

किसी मस्जिद में?

किसी गुरुद्वारे में?

या कि फिर गिरजे में?

और

मेरा विकास कहाँ है ?

जाति की दुहाई में,

धर्म की चादर में,

बंद-हड़तालों में,

या बम-गोली की आवाज़ों में?

या कि फिर

अनवरत बढ़ते कदमों में,

मशीनों की आवाजों में?

मेरा 'मैं'

निशब्द

देखता है अपने आसपास

कुछ मानता है इतिहास

कि -

लंका थी या नहीं,

विभीषण था या नहीं

लेकिन एक बात सिद्ध है कि

विभीषण नें लंका को गिरवाया था

पाप की गर्त को भरवाया था!

अब ये पाप की गर्त
फिर खुद रही है
इस गर्त को पाटने
मेरे मंदिर का राम,
मेरी मस्जिद का मुहम्मद,
मेरे गुरुद्वारे का नानक,
मेरे गिरजे का ईसा
फिर से आएगा
उसे नहीं चाहिए
उपासना के लिये
मंदिर,
मस्जिद,
गुरुद्वारा
या गिरजा,
उसे चाहिए
एक घर,
एक परिवार
हँसता हुआ भारत
और
भाईचारा!

46
चांद की पहचान

***

चाँद मेरा भी वही

चाँद तेरा भी वही...

कोई सरहद नहीं कोई मज़हब भी नहीं...

न वीज़ा, न पासपोर्ट

न फ़ौज, न बम, न गोली

मेरी छत पर वही तेरे घर मे भी वही!

तू सजदा करे मैं पूजा करूँ

मेरी मंज़िल भी वही

तेरा फसाना भी वही!

आओ! तोड़ दें यह सरहदें

आओ! मिल कर बनाएँ एक ऐसा जहाँ

बस चाँद तारे और सूरज की रोशनी ही

मेरी पहचान हो

वही मेरा देश

वही मेरा ज़हान हो!

मेरा एक ही ज़हान हो

वही मेरा धर्म और वही मेरी पहचान हो!

- 31/01/2018

47
गम से परे

***

क्यों रोते हो
क्यों दुखड़े ढोते हो ?
वक़्त के साथ चलो मुस्कुरा कर!
कम कैसे होगा ग़म
तुम जो रोते रहे!

रोग मृत्यु का भय कैसा
यह सफ़र ज़िन्दगी का,
रोग लगे तो मुस्कुराओ!
बिना पहचान का ही सही
बिन बुलाया मेहमान मानो!

सोच कर आया होगा कि
ख़ूब रोएगा मुझे देख कर
पर तुम्हारी मुस्कुराहट देख कर
वह भी डर जाएगा।
रोना न देख कर तुम्हारा
किसी कोने में दुबक जाएगा!

ज़िन्दादिली ही जीने का नाम है!

मृत्यु का भय कैसा
वह तो दूसरे देस जाने का सहारा है
वहाँ भी मेरे अपने हैं

मुझसे मिलने को बेचैन हैं!

अब रोना कैसा
उठो मुस्कुराओ

दिन बहुत अच्छा है

गीत ख़ुशी के गुनगुनाओ!

(मेरे दोस्त महिन्द्र प्रताप बतरा को समर्पित,

जो जब भी मिले मुस्कुराते रहे और प्रस्थान कर गए नई दुनिया के लिए)

- 3/5/2017

48
मेरे बाबूजी!

***

यादों के सफ़र में खोजती हैं
आँखें अपने आसपास!
सीढ़ियों से उतरते
तस्वीर कहती है
कुछ बातें तुम्हारी!
-आवाज़ मगर
कहीं दूर से भी
आती सुनाई नहीं देती!

सच है,
यादों के समन्दर में डूबने के बाद
या फिर
रात के अंधेरे में कभी-कभी
तुम्हारी छवि दिखाई दे जाती है!

अहसास होता है
साँसों में तुम्हारी वही ख़ुशबू का
जब मैं अबोध,
बाल मन से हठ करता था
तुम्हारी बाँहों मे लिपट कर सोने का!

मुझे याद आते हैं
बचपन के वो पल
जब तुम्हारी उँगली पकड़ कर लगता था

कि पूरी दुनियाँ में कोई नहीं ऐसा
जो मेरा बाल भी बाँका कर सके!

मेरे बचपन के वही पल
अब लौट आए हैं
-मैं भी संबल बना खड़ा हूँ

वही रंग-रूप,

वही सोच तुम्हारी मेरे मन में बसी है!

वक़्त बदल गया है
पर मैंने

वही भाव नए रूप में पाया है!

देखो! आज मुझमें वही भाव उमड़ आया है!

तुम्हारा नया जन्म
आज असंख्य रूपों में

तुम्हारे बच्चों में निखर आया है!

देखो, बाबूजी!

हमनें तुम्हारे हर भाव को निखारा है!

जीवन शाश्वत है

और वही नया रूप पाता है!

-यही भाव तुम्हारा मुझमें आया है!
ऐसे में तुम्हारी कमी नहीं खलती
क्योंकि मैंने तुम्हें कभी खोया नहीं
हर दिन, हर पल तुम्हें साथ पाया है!

- 20/11/2020

49

मैं कौन हूँ?

***

- मैं सपनों का सौदागर
मैं जीवन तरंग में
बहता साम स्वर,
या फिर मन में मची हलचल
शांत करने को तत्पर!

मैं कौन हूँ?
मैं माँ की कोख से निकल कर,
किलकारियाँ कर
धीरे-धीरे घुटनों के बल
सरक-सरक अपने पैरों पर खड़ा होने को तत्पर!

मैं कौन हूँ?
मैं अब तक
अपना अंतर्मन न जान सका,
मैं अब तक स्वयं को नहीं पहचान सका!

मैं घुटनों के बल सरक-सरक कर बड़ा हुआ!
काग़ज़-पोथी पढ़ कर बड़ा हुआ!
सोचा-समझा, सब जाना मैंने
माना स्वयं को ज्ञानी मैंने!
होड़ की दौड़ में
हो गया मैं शामिल,

दिन को दिन नहीं
रात को रात नहीं माना,
मैं बस दौड़ने लगा!
आगे ही आगे मैं बढ़ने लगा!
संगी-साथी सब पीछे छोड़े
रिश्ते-नाते नए-नए मैंने जोड़े,
हर दिन नए-नए साथी मिले,
वही जीवन के मीत बने!
मैं बड़ा बन गया
अपनी सोच को
अपने से सबसे बड़ा माना मैंने,
काम-क्रोध, - लोभ-मोह-माया
मेरे साथी बने, स्वयं को विश्व-विजेता
मैंने मान लिया!
अहम की चादर पैरों से बाहर हुई,
चिंता चिता समान लगी,
न आगे बढ़कर कहीं कुछ देखा
न बीत चुके जीवन से
कुछ सीखने-समझने
का यत्न किया!
अंधी-दौड़ में मैं लगा रहा!
वक़्त की सुइयाँ चलती रही

पल पल कर

युग बीत गया!

-मैं फिर भी न रूका,

न कभी रूकने का यत्न किया!

मैं अंधी दौड़ में लगा रहा!

मैं बड़ा, बहुत बड़ा

मुझसे आगे

न कोई खड़ा!

आँखों पर बंधा

दंभ का पर्दा कभी न हटा!

वक़्त पलटा–

एकाएक

दूर कहीं बादल फटा,

चारों ओर कोहराम मचा,

छिन्न-भिन्न सब होने लगा,

हर कोई मुझे दौड़ता दिखा!

यह दौड़ थी वर्चस्व की,

वक़्त की मार थी,

जान पर आन पड़ी थी,

कोई जिए या मरे

मुझे नहीं पता,

बस मेरा वजूद क़ायम रहे,

एक ही शब्द था शेष बचा

-मेरी जान बक्श दो

मेरे ईश्वर!

क्षमा-दया-करूणा

मेरे अंतर्मन से बाहर आई,

सत्ता-शक्ति

और

धन का लोभ अब नहीं रहा!

मेरा पैसा,

मेरा मान

मेरी सारी शक्ति ले लो,

बस मेरा जीवन

मुझे वापिस दे दो!

मेरी जान मुझे वापिस दे दो!!

हे दया निधान

मुझ पर दया करो,

अपनी करूणा का वर दो!

-मुझे मेरा जीवन दे दो

तुम मुझे मेरा जीवन दे दो!

- सब कुछ यूँ ही

चलता है जीवन में,

लेकिन आज भी मन पूछता है

अपने अंतर्मन से

कि मैं कौन हूँ?

मैं कौन हूँ?

- 29/ 10/2021

50
ग़म दूसरों को भी होते हैं!

***

ग़म केवल तुम्हारी जागीर नहीं

ग़म दूसरों को भी होते हैं!

मुश्किलें राह में
सबके ही आती हैं -
तुम्हारी राह में आई
तो कोई नयी बात नहीं!

चलते-चलते लड़खड़ाना,

लड़खड़ा कर गिरना

गिरते-गिरते सँभल जाना -

या गिर कर
झटपट उठ कर चलना

कोई नई बात नहीं!

दस्तूर ज़िन्दगी का
जीवन के पहले दिन से
अंत तक यही है।

अपने पैरों पर खड़े होना,
संभलना
संभलकर चलने का

नाम ही है ज़िन्दगी!

मुझको-तुमको-हम सबको

अंगारों पर चल कर
अपनी मंज़िल तक पहुँचना
हर दिन की बात है।
ख़ुशक़िस्मती है हमारी
कि राह पर चलते-चलते
कोई हमसफ़र साथ चल दे,
राह में आए हर पत्थर को

फूल सा कोमल कर दे!

ख़ुशक़िस्मत हैं हम कि
ख़ुशी में ही नहीं
हर मुश्किल में
कोई मेरा हमसफ़र

मेरा साथ दे!

- 24/02/2021

51

फरिश्ता

***

जब अपने ही अजनबी बन जाते हैं
तभी फ़रिश्ते आकर
जीवन में एक नई राह के
दर्शन करवा जाते है!
वह किसी फ़रिश्ते से कम नहीं थे
जो मुझे आकर नई राह दिखा गए!

वह मिला था मुझे
लगभग पच्चीस बरस पहले,
राह कच्ची थी, गड्ढों से भरी थी
दिन दूनी, रात चौगुनी
परेशानियाँ थी।
सब रास्ते बंद हो गए थे

ऐसे में अचानक मिल गए तुम,
अजनबी- अनजान
फिर भी न जाने क्यों
मंत्र मुग्ध हुए

मेरा हाथ थाम लिया
मेरी राह को एक नई दिशा दी

और मेरे जीवन को नई दिशा प्रदान कर गए तुम!

ख़ुद ब ख़ुद आकर
मेरा हाथ थाम लिया
और कहा, क्यों परेशान होता है ?

तू अकेला नहीं, मैं तेरे साथ हूँ!

तू बढ़ता रह आगे,
मैं तेरी रफ़्तार से तो नहीं चल सकता
पर जितना बन पड़ेगा मैं तेरा साथ दूँगा!

अपना बेटा कहते थे
पर मैं बेटे का धर्म,
माया मोह के भ्रम में भूल गया!

मैं पैसे से उनके प्यार को तोलता रहा!

दो पैसे किसी अजनबी को
देते हाथ काँप जाते हैं
उन्होंने अपना पूरा ख़ज़ाना मुझे दे दिया!

वक़्त रहते हर दम मेरा साथ निभाया!

अजनबी होकर भी मुझे दिया सहारा!
पर ऐसे दिलदार को
मैं फिर से मिल न पाया!

न जाने मेरा क्या रिश्ता था उनसे
कि मेरी आँखों मे छिपे दर्द को

वह झट से पढ़ लेते थे
और आगे बढ़कर, झट से,
मेरा हाथ थाम लेते थे!

पिता की कमी को पूरा करके
मुझे मेरे रास्ते पर लाकर,
एकाएक मुझसे रुठ गए!

और मैं भी अपनी दुनिया में डूब गया!
अपने भी अजनबी बन जाते हैं
मैं भी वक़्त रहते
उनके लिए अजनबी बन गया!

- 08/ 09/2018

52
नारों की भरमार

***

(नारों की भरमार, न कभी ख़त्म हुई और न कभी होगी।
हम कठपुतलों की मानिंद सुबह से शाम तक नारों के सहारे यह जीवन यूँ ही व्यतीत करते रहेंगे।
राजा तो राजा रहेगा। प्रजातन्त्र की व्याख्या बस यही है अब भी कि नेता का बेटा ही नेता बनेगा। मैं और तुम चाटुकारी करते हुए यह जीवन व्यतीत करते रहे हैं और करते रहेंगे)

बचपन में देखा था

एक ही राजा

एक सरकार

देश उन्नति की ओर अग्रसर,

सबको अपने काम से मतलब!

थी बेरोज़गारी की लम्बी कतार

हाथ कमजोर;

लेकिन कुछ करने की तमन्ना

बढ़ा रही थी सबको अपने गन्तव्य की ओर!

था भ्रष्टाचार भी

भूखमरी बहुत थी

- लेकिन वह मेरे किसी अपने की नहीं

एक बाहरी फिरंगी की बदौलत थी!

उत्साह था मन में हर किसी के,

नया दिन, नया सवेरा

लाने का हौंसला बुलंद था
- "मैं भारतवासी हूँ
मुझे देश के लिए
कुछ करना है,
अपने भविष्य को

देश के भविष्य को सुधारना है!"

कल-कारखाने बनते रहे
देश आगे बढ़ता रहा,
फिरंगी कहीं फिर से
अपनी पैठ बढ़ाने लगा
- किताबों से
- कलपुर्जों से
- रंगीन सपनों की दुनिया में
ले जाकर
आदमी को खड़ा कर गया!

और आम आदमी
अपनी चादर को भूल कर
दूसरों की चादर खींचने लगा
- दुसरे के घर को झाँकने लगा!
मैं बड़ा हुआ
देखा मेरा अस्तित्व कहीं नहीं
बढ़ती भीड़ का हिस्सा बनकर
मैं जी नहीं सकता
- मैं स्वतन्त्र देश का नागरिक
- मुझे अधिकार है

- कुछ करने का,

कुछ करके बड़ा बनने का!

ऐसे में

मुझे भीड़ का अंग नहीं,

मुझे भीड़ से अलग हटकर

सबसे ऊपर उठना है,

ऊपर उठकर कुछ करना है

- कुछ करके दिखाना है!

मेरा 'मैं' जाग्रत था

कुछ करने की ललक थी

मन में,

लेकिन

'फल' पहले से निश्चित था!

मैं करूँगा देश के लिए कुछ

ऊपर उठाऊंगा देश को

- नए कल-कारखाने लगाऊंगा

- बेरोज़गारी की कतार कम करूँगा

- भूखमरी मिटाऊंगा

लेकिन तभी जब

मैं भी राजा बन जाऊँ!

यह राजा बनकर कुछ करने की

कतार में

केवल मैं नहीं

हर कोई आ खड़ा हुआ है!

आज मैं भी राजा बनकर
कुछ करने को उत्सुक
- तुम भी
- तुम भी

- हर कोई!

भीड़ को नियंत्रित करने का
जिम्मा तो ले सकता हूँ
- काम का नियंता बनने

की चाह लिए हरदम तैयार!

लेकिन काम करने वाले
मुझे जैसे राजा की
प्रजा बनने को
तैयार कौन...?
- चंद लोग
- वे जो मेरी सरकार चलाएंगे
जो देश को आगे बढाएँगे –
लेकिन
वो भी अफसर शाही के मद में चूर
कठपुतली की मानिंद नाचते
कभी कुछ करते
कभी कुछ और करने को कहे जाते...!
नारों की भरमार
लेकिन राजा मुझसा
एक नहीं
कई सौ
कई हजार...

53
शादी की सालगिरह

(बड़े भाई को शादी की 58वीं सालगिरह मुबारक)

***

उँगलियों से गिना
तो जाना यह रिश्ता
दुनिया की नज़रों में
केवल अट्ठावन बरस पुराना है,
और जब मन को टटोला,

कुछ गुणा-भाग किया

तो जाना यह तो
कई करोड़ पलों का

अफ़साना है!

पल-पल कर यह ज़िन्दगी

आगे बढ़ती रही,
कहीं न कहीं
हर पल में

कोई याद छिपती रही!

जब भी आँख मूँदी
तो कोई नई कहानी याद हो आई,
कहीं दर्द दिखा,
कहीं बंजर ज़मीन दिखी,

कहीं हरे भरे खलिहान थे
शहनाइयों की आवाज़ें थी!

मन में नित नई उमंग के साथ
जीने की नई राह मिलती रही,
हर दिन ज़िन्दगी
नए अफ़साने लिखती रही!

ढेर से सपनों के साथ
मन में हर दिन
कुछ नयी करने की तमन्ना
परवान चढ़ती रही!

हर कहानी का हिसाब
करना बहुत मुश्किल है
लेकिन इन कहानियों में छिपा
समर्पण भाव आज भी क़ायम है!

यही भाव प्रेरणा स्तोत्र
बने हम सबके लिए
और इन्हीं भावों के साथ
जीने की हमें भी राह मिली!
- आप दोनों को शादी की
58 वीं सालगिरह की हार्दिक शुभकामनाएँ!

- 27/11/2022

54

नि:शब्द

***

मैं नि:शब्द हूँ

जहां जन्मा, पला, बढ़ा

मैं वहीं खड़ा हूँ!

सूर्य की रोशनी मुझे जीवन देती है

बादलों से निकली हर बूँद

मेरी प्यास बुझा देती है!

ठंडी हवा के हर झोंके से

मैं मद-मस्त हुआ जाता हूँ!

मैं पेड़ हूँ, मैं जहां जन्मा-पला-बढ़ा ;

मैं वहीं खड़ा हूँ!

एहसास है मुझे कि

धरती है तो मैं हूँ,

हवा का हर झोंका मेरा जीवन है!

सूरज की रोशनी

और बारिश की हर बूँद

मेरे जीवन की सरगम है!

हम एक-दूसरे से बँधे हैं

- हँसते हैं,

गुनगुनाते हैं गीत खुशी के
लेकिन जहां जन्में, पले, बढ़े

वहीं खड़े हैं!

एक मन्त्र जीवन का मेरा सम्बल है
- मैं तुमसे बना, तुम ही मेरा जीवन हो,
मेरा अपना कुछ भी नहीं,

जो है वह तुमसे है!

मैं कृतज्ञ हूं धरती और अंबर का
मैं कृतज्ञ हूं हवा के हर झोंके का
मैं कृतज्ञ हूं बारिश की हर बूँद का!

मेरा अपना कुछ नहीं
जो तुमको दिखता है

वह मात्र छलावा है!

हम एक-दूसरे से बँधे हैं

और जहां थे वहीं खड़े हैं!

काश! हम भी समझ पाते,

पेड़ की मानिंद हम भी

एक-दूसरे के प्रति

अपनी कृतज्ञता जताते!

अपनी मैं-मैं से दूर होकर

मिल जुल कर

एक नई दुनिया बसाते!

- 12/07/2020

55
नई सोच

***

छोड़ो, यह नाम की महिमा छोड़ो,
छोड़ो, नेताओं का दामन छोड़ो!

देखो! मेरी नज़र से देखो

देश का हाल!

नेतागण कहते हैं
- जनता बेईमान है!
जनता कहती है
- व्यापारी बेईमान है!

व्यापारी कहता है, अफ़सर बेईमान है!
कौन है जो छाती ठोंक कर
कह सके कि मैं ईमानदार हूँ?

कोई है? कोई है?
बताओ मुझे,
दिखाओ मुझे?
सिर्फ़ कहने की बात है साहेब!
आँख मूँद कर,
बच्चों की क़सम खा कर कहो

कि ईमानदार हो तुम!
मेरी नज़र में तो
वो भी नहीं जो रिश्वत नहीं खाते
क्योंकि
जो रिश्वत नहीं खाता
उसने भी तो आँख मूँद रखी है!

उसके आसपास,
उसका नेता,
उसका मताहत,
उसका कारिंदा,
कोई न कोई तो है जो
क़ानून का दायरा तोड़ता है!

अरे जनाब!
तुम बारिश को रोक सकते हो क्या ?
नहीं!
तो क्या नदी का बहाव
बदल पाओगे ?
हवस तब तक ख़त्म नहीं होगी,
ललक जब तक रहेगी,
एक दूसरे से बडा कहलाने की!

दुनिया की हर विलासिता को
अपने झोले में डालने की

नीयत जब तक रहेगी,
तब तक मेरे दोस्तों!
ये नोटों की क़िल्लत
कभी न चुभेगी!

लेकिन अब वक़्त आ गया है,
रास्ता निकलेगा,
जरूर निकलेगा!

नया निर्माण होगा
और
नदी का यह बहाव
बदल कर रहेगा!

यूँ ही मसीहा न तुम बन पाओगे,
न ही बिना त्याग किए कोई अमर हो पाएगा!
ये जीवन यूँ ही चलता रहेगा!

-देश तभी बदलेगा जब
मेरा मन जब
नयी सोच लाएगा,
और यह सोच जनता नहीं,
राजा के हर कर्मचारी
के मन में आएगी!
जब उसके हाथ से डंडे का दम

कम किया जाएगा,

जब उसे प्रेम सिखाया जाएगा!

देश तभी बदलेगा

जब देश का नेता

नई सोच लाएगा!

- 23/11/2016

56

हमारे साढ़ू जी का जन्मदिन!

(हास्य रस)

***

न जाने क्यों

जब-जब याद करता हूँ

मैं अपने साढ़ू जी को,

तब–तब सामने मेरे

व्हिस्की का जाम

झलकने लगता है!

शाम होते ही

आर सी जी की

चहल- पहल बढ़ जाती है ॥

सूरज ढलते–ढलते

जैसे उन्हें

सन्देश देता जाता है

कि

हे रमेश! उठो!

जल्दी करो

तुम्हारी महफ़िल का

वक़्त हो चला है!

दिल्ली में

मेरे पास आकर
शाम ढलते ही,
बेझिझक सवाल करते हैं
कि क्या प्रोग्राम है ?

क्या कुछ इन्तज़ाम है!

मज़ा आएगा तभी
जब हम

जाम से जाम टकराएँगे!

उनकी महफ़िल में
चार चाँद तब लग जाते हैं,
जब वह हमारे बच्चों के

मामा जी के घर जाते हैं!

वहाँ बच्चों की मामी,
हमारी छवि रानी
उनके लिए
स्पेशल

मछली पकाती है!

अरे वाह!

एक तरफ़ जाम
और दूसरी ओर

मनपसंद पकवान!

आर सी जी
तो झूम जाते हैं
- छवि रानी भी
फूल कर कुप्पा

हो जाती है!

अगली बार उन्हें
मुर्ग़े की टांग खिलाने का
वादा करती है!

और हमारे आर सी जी
गदगद होकर
मस्ती में झूमते हुए
छवि मामी की
तारीफ़ों के पुल बांधते जाते हैं!

अब आपको लग रहा होगा
कि हमारे बच्चों के मौसा जी
यानि आर सी जी
कोई दारूबाज़ हैं!

नहीं–नहीं

ऐसा बिल्कुल नहीं है!

वह तो मन ही मन
लड्डू खाने वाले हैं!

बातें बहुत करते हैं
लेकिन एक–दो पैग में ही
तृप्त हो जाते हैं!

और तृप्ति पाने के बाद
वह चुपचाप महफ़िल से
ग़ायब हो जाते हैं!

ढूँढो तो अपने कमरे में
गहरी नींद में

सोए मिल जाते हैं!

अरे भाई!

हमारे आर सी जी
महफ़िल की रौनक़ हैं
और वह रौनक़
तभी शुरू होती है
जब उन्हें अपने आसपास

सुरा के होने का आभास होता है!

अब सभी से विनम्र विनंती है मेरी
कि आर सी जी को

कभी निराश न करना!

वह बस विनोद भाव
से पीने की बातें करते हैं,
और बूँद भर
अमृत का पान कर
अमरत्व को पाने का

प्रयास करते हैं!

जय हो आर सी जी की!!

जन्मदिन की
हार्दिकशुभकामनाओं के साथ
आपका स्नेही

- 21/11/2021

57
जीने का मजा

***

मैं छोटा नहीं
बहुत बड़ा बन जाता हूँ
जब-जब मैं दूसरों को
झुक कर सुनता हूँ
और ताल से ताल मिला कर
अपने सपनों की चादर में
बहुत से धागे
उनका नाम ले कर बुनता हूँ!
सूत के धागों से बुनी चादर
मख़मल से कम नहीं लगती,
मेरे चाहने वाले के
हाथों की सुगंध
मुझे मदहोश किए जाती है!

ऐ दोस्त मेरे, तेरी ख़ुशी के लिए
जीने का मज़ा
कुछ और ही है,
अपने लिए तो मैं
हर घड़ी जीता हूँ!

- 01/12/2019

58
दोस्ती

***

आज दोस्त ने सन्देश भेजा,
कहाँ खो गए हो तुम
दुनियाँ की भीड़ में ?
कभी याद कर लिया करो,
नाराज़ तो नहीं हो मुझसे ?
बहुत मन है

जाम से जाम टकराने का!

आओ! साथ बैठ कर दारू पीते हैं!

तब मैंने कहा,

हे भगावन! मैं और नाराज़ ?

मेरे शब्दकोश में यह शब्द नहीं है, दोस्त मेरे!

मैं तो दिवाना हूँ
जो प्यार से एक बार मुझे मिलता है

मैं उसका मुरीद बन जाता हूँ!

मुँह मोड़े जो दोस्तों से
वह मैं नहीं हो सकता,
मैं तो दीवाना हूँ दोस्तों का ;
फ़र्क़ इतना है कि मेरे दोस्त ही
रास्ता भूल जाते हैं

मेरी राह छोड़
नई राह पर
नए दोस्तों के साथ रंगरेलियाँ मनाते हैं!

उसने फिर लिखा,
बहुत अच्छा कहा तुमने
लेकिन ये मत कहो

कि मैं तुम्हें भूल गया!

उम्र के इस मोड़ पर

दोस्त कहाँ से लांऊगा!

जाम से जाम टकराने वाले
बहुत मिल जाएँगे,
लेकिन मन की बात
बिन कहे समझने वाला

अब कहाँ मिलेगा!

दारू तो मिलने का बहाना है
बिना पिए दोस्त से

मन की बात नहीं कह पाता! "

बहुत बड़ी बात कह दी तुमने

मेरे दोस्त!

लेकिन

दारू की दोस्ती न कर मेरे दोस्त!

दारू वक़्त रहते तेरा साथ छोड़ जाएगी!

पर दोस्त तो हर क़दम पर
तेरे साथ जाएगा,
तू रोएगा तो तेरे आँसू पोंछेगा
तेरी ख़ुशी में तेरे साथ
क़दम से क़दम मिला कर

हंसेगा-नाचेगा

और ख़ुशी के गीत गाएगा!

राह चलते लोग

मेरा-तेरा करेंगे,

दिल से साथ कभी क्या देंगे ?
दोस्त ही है
जो मेरे साथ चलता हुआ

मेरे मालिक के घर तक मुझे छोड़ कर आएगा!

59
मेरा 67वां जन्मदिन!

***

मेरे बचपन में
मेरी माँ थी
दिन निकलते ही
मुझे सोते प्यार से जगाती थी
हाथ फेर कर सिर पर कहती थी,

"चल उठ! आज तेरा जन्मदिन है!

मैंने तेरे लिए हलुआ बनाया है! "

धीरे-धीरे मैं बड़ा हुआ,

दोस्त- यार मिले

सबने जन्मदिन की याद दिलाई,
दोस्तों के साथ जमी महफ़िल
मेरी ज़िन्दगी में
नई बहार लिए आई,
हाँ, हलुआ तब भी बनता रहा
क्योंकि माँ के प्यार का

वही नियम सदा क़ायम रहा!

जब गृहस्थ जीवन आया
मेरे जीवन का

प्रारूप ही बदल गया!

अब हलुए की ज़िम्मेदारी

मेरी अर्द्धांगिनी ने उठाई!

न केवल हलुआ,

दिन भर घर में

चहल पहल

और

शाम मेरी नए सपनों की

बारात लिए आई!

वक़्त बहुत तेज़ी से चला!

एक एक करके

दिन बीते,

स्याह रातें भी आई,

हर बरस बदलते मौसम से

मैंने बहुत कुछ सीखा,

तभी तो जीवन में मुझे

हर दिन

कुछ नया सीखने को मिला!

तभी तो

बरस दर बरस

हर जन्मदिन पर

मेरे घर में

रौनक़ बढ़ती रही!

वक़्त का पहिया चलता रहा

मैं बचपन से युवा
और
देखते ही देखते मैं
बहुत बड़ा हो गया!
मेरे बचपन का नया रूप
मेरे घर-आँगन को महकाने लगा!
मेरे जन्मदिन की रौनक़
अब मेरे बच्चों की
त्यौहार-सी है!
- वही मनाते, वही सजाते
घर भर में रौनक़ कर जाते!

और मैं अब
दिन निकलते ही
एक कोने में बैठकर घर के
पल- पल, हर पल,
घर में हो रही हलचल
को देखते हुए
अपने बीते हुए जीवन का
शुक्रिया अदा करता हूँ,
और
आगे आने वाले
हर दिन का
स्वागत करने को
उत्साहित बना रहने की
चेष्टा करता हूँ!

जो बीत गया
वह पिछला जीवन लगता है,
भूला हुआ सपना लगता है,
और आने वाला हर पल

मुझे अपना लगता है!

उसी के स्वागत में
मेरा हर दिन

मेरी हर रात तत्पर रहती है!

मुझे मेरा अपना जन्मदिन

बहुत अच्छा लगता है!

मुझे मेरा जन्मदिन

बहुत अपना लगता है!

अपने जन्म दिन की बहुत शुभकामनाएँ मुझे!

- 29/10/2022

60
महिमा मंडल

बोलो तो ऐसे बोलो

कि सच सामने आ जाए!

पर्दाफ़ाश हो जाए
हर उस बाशिंदे का
जिसे बस कुर्सी चाहिए
- आज लिखवा लो
सरेआम कहता हूँ

एक-दूसरे के दोष गिनवा कर

कुछ नहीं होगा
न राज बचेगा

न राज करने की कोई वजह रह जाएगी!

ज़रा आँख मूँद कर झांक कर देखो
अपने भीतर

कुछ समझ आ जाए शायद!

अब प्रचार से कुछ न मिलेगा

न चीख-चीख कर

सत्य को झुठला पाओगे!

अरे अपने मान स्थापित करो,

148

दूसरों के दोष गिनवा कर
दूसरों से तुलना कर
तुम क्या इतिहास में
अपना नाम दर्ज करवा पाओगे ?
समय रहते संभल जाओ
नाम की महिमा मंडल छोड़ कर
काम करते जाओ

नाम तो खुद ब खुद लोग जान जाएँगे!

- 24/04/2021

61

बहुत उमंगें हैं दिल में!

***

बहुत उमंगें हैं दिल में
बहुत अरमान बाक़ी है
कुछ नया करने से नगर दिल डरता है,
बस यही सोचता है मन
कि कोई बोतल का जिन मिल जाए
और फूंक मार कर
मेरी हर उमंग को पूरा कर दे

बस मेरे हर अरमान को परवान चढ़ा दे!

किसी ने तब कहा मुझसे
यह पढ़ कर कि

जिन मिले तो उसे मेरा पता भी दे देना!

तब मैंने कहा,
सच बात यह भी है कि
बोतल का जिन मिला तो
ज़िन्दगी जीने का मज़ा
ही ख़त्म हो जाएगा!
जिन की नहीं
ज़िन्दगी जीने की तमन्ना लिए
आगे बढ़ते रहो, प्रयत्न करो, नित नए आयाम स्थापित करो,
हर तमन्ना तुम्हारी

ख़ुद ब ख़ुद पूरी हो जाएगी!

62

ईशवर!

***

ईश्वर

किसी ने पूछा -

"क्या तुम ईश्वर को मानते हो ?"

मैंने कहा, कहाँ है ईश्वर ?

तुम्हे दिखता है क्या

या फिर

तुमने अभी बस सुना है,

देखा नहीं ?

देखा है तो बताओ मुझे,

कैसा लगता है ?

अब चुप क्यों हो

ईश्वर दिखाओ मुझे,

प्यास लगी है

अब बुझाओ इसे ?

सच तो यह है कि

ईश्वर तो तुम भी देख नहीं पाए

जान नहीं पाए

और पूछते हो हर किसी से!

अब मेरी सुनो -

देखो! यहीं रुक कर देखो,
मैं तुम्हें ईश्वर दिखाता हूँ -
देखो! ईश्वर तुम्हारे हर भाव में है,
ईश्वर तुम्हारी हर चाह में है,
ईश्वर तुम्हारी अपनी छवि है.
जिस भाव को समझते हो
वही ईश्वर का भाव है.
ईश्वर वही तो है
जो जब जैसा चाहो
वैसा बना दिखता है.

देखो! जब लालच करते हो
तब क्या ईश्वर नहीं दिखता ?
-तब लालच को बढ़ाने में,
हर चाह की प्यास बुझाने में
ईश्वर को साथ पाते हो!

देखो! जब प्रेम करते हो
तब क्या ईश्वर साथ नहीं दिखता ?
- ईश्वर तब प्रेम बढ़ाने में,
प्रेम की नई तरंगे पाने में

तुम्हें साथ ही तो दिखता है ...
और जब क्रोध करते हो
चीखते हो, चिल्लाते हो

तब क्या ईश्वर साथ नहीं दिखता ?
ईश्वर तब दूर खड़ा होता है -
मुस्कुराता, बांसुरी बजाता,

ईश्वर तब भी साथ ही होता है ...
भाव एक ही है
ईश्वर चाहो तो हर दम साथ है,
चाहो तो हर दम पास है

ईश्वर तो तुम्हारा अपना भाव है!

याद करते हो तो सामने खड़ा दिखता है...
अब तुम ही कहो
ईश्वर ढूंढ कर क्या होगा ?
ईश्वर तो हर दम तुम्हारे पास है!

यह प्यास कैसी ?
जो मिटती नहीं, बुझती नहीं ...
जो हर दम पास है उसे ही पाना चाहते हो!
आँखे खोलो, पुकारो उसे
वो देखो सामने खड़ा है
मुस्कुराता, बांसुरी बजाता!

63

हम घर से काम करेंगे

***

हम घर से काम करेंगे

रोटी-कपड़ा और मकान

अब घर से काम करके ही बनाया जाएगा!

फ़ैक्टरियाँ घरों में ही लगेगी
और हथेली पर केवल सरसों ही नहीं

चावल-सब्ज़ी और गेहूं भी उगाई जाएगी!

रोटी की चिन्ता अब किसे
बस फ़ोन करके कम्प्यूटर से ही रोटी का इन्तज़ाम

करने को कहा जाएगा!

बिल्डिंगे बनेंगीं कम्प्यूटर पर,
सड़कें बनेंगीं नक़्शों पर

और फिर रोबोट चलाएँ जांएेंगे!

वक़्त दूर नहीं जब
इन्सान के हाथों में बस दो ही उँगुलियाँ होगी

- कम्प्यूटर के बटन दबाने को!

खाने की चिंता नहीं होगी किसी को,

दो कैप्सूल खाकर ही पेट भर जाएगा!

कहते हैं उन्नीसवीं सदी में सरकार ने
क्लर्क बनाए थे, अब इक्कीसवाँ सदी

इन्सान को ही रोबोट बना कर छोड़ेगी!

वो खेत-खलिहानों की बातें,

वो स्कूल में की धमाचौकड़ी,

वो कालेज की मस्तियाँ

दोस्तों के साथ की शरारतें, अब पौराणिक कथाओं में ही पढ़ी जाएँगी,

नई दुनिया के इतिहास

के पन्नों में जगह पाएँगी!

प्रेम प्रसंग अब बेईमानी होंगे,

रोमांस अब कम्प्यूटर पर होगा!

बड़ी भयावह सोच है

करोना के बाद, नई महामारी मन की होगी!

मानसिक बीमारों की सेवा करने

वाले कम पड़ जांएगे!

अभी वक़्त रहते सोच के घोड़ों को लगाम दो

और अपनी दुनिया में लौट आओ!

माटी के पुतले हैं हम,

माटी में ही खेलेंगे!

माटी से आए हैं माटी में ही मिल जांएगे!

अनुशासन का पालन कर

हिम्मत से आगे बढ़ना होगा!

कामगारों का जोश बढ़ाना है तो

घर से बाहर आना होगा!

- 28/05/2020

64
डर का माहौल

***

डर का माहौल हमें कहाँ ले जाएगा ?
बड़ी चैन की साँस ले रहे हैं

बड़ी-बड़ी कम्पनियों के बड़े-बड़े लोग!

घर से काम करेंगे!

घर की दिवारों से बाहर नहीं निकलना!

-कितनी सावधानी है साहेब!

लेकिन मेरा क्या फ़र्ज़ है

जरा सोचिये!

- मैं आपके लिए आख़िरी दम तक

फल-सब्ज़ी लेकर आपके घर तक आऊँगा!

मैं दिन को दिन नहीं

और रात को रात नहीं मानूँगा!

मैं आपकी भूख का पूरा इंतज़ाम करूँगा!

और मैं अस्पताल का अदना सा कर्मचारी

अपने काम पर दिन-रात जुटे

नर्स और डाक्टर के साथ

कन्धे से कन्धा मिलाकर

आपकी सेवा में तत्पर रहूँगा!

मेरा-आपका रक्षक हर पुलिसकर्मी
मेरे देश की सीमाओं का पहरेदार
मेरा फ़ौजी भाई भी डटा रहेगा

आख़िरी दम तक!

यह राजतंत्र भी डटा है दिन-रात
लेकिन
हमें क्या हो गया है
जो बस कम्प्यूटर पर बैठ कर

डर का मौहाल खड़ा कर रहे हैं!

घर से काम करने से बेहतर नहीं
हम बारी-बारी काम पर जुटे रहें ?
बेहतर नहीं कि मेरे रखवाले को,
मेरे राशन-सब्ज़ी वाले को यह न लगे कि
वह इस अफ़रा-तफ़री के आलम में

अकेला पड़ गया है!

साहेब! सोच सब अच्छे की रखें

बातें बनाने और ख़बरें फैलाने से बचें
और घर से काम के बदले

पारियों में काम करें!

वक़्त के साथ सोच को बदलें
हवा देखना

खुद-ब-खुद ठीक हो जाएगी!
यह आँधी जितनी तेज़ी से आई है
उतनी तेज़ी से चली जाएगी!

- 14/03/2020

65
अस्पताल की ज़िन्दगी

***

ये क्या हो रहा है

पूरे शहर में हंगामा है –

कहीं दर्द की दवा ढूँढता

फिर रहा इन्सान,

कहीं स्वाति नक्षत्र की प्रतिक्षा में

बैठा प्यासा चातक

रह-रह कर देख रहा आसमान!

सब होड़ की दौड़ में जुटे हैं

किसी और की चिंता नहीं

न दर्द की दवा

न दर्द की परवाह

न कोई सेवा भाव

बस चीर-फाड़ को सब उत्तेजित!

अब तक इतने आपरेशन कर दिए

कल तक इतने करने हैं-

अभी देसी रिकॉर्ड बनाया है

कल वर्ल्ड रिकॉर्ड बनाऊँगा!

एक बीमारी मैं ठीक करूँगा

दूसरी के लिए कहीं और तुम्हें भिजवा दूँगा!

मेरा जो काम था

वह मैंने कर दिया,

अब मैं हाथ धो कर

विदेश गमन कर जाऊँगा!

- ये अस्पताल की ज़िन्दगी

ये आज के बड़े डाक्टरों का हाल है!

- 07/06/2016

66

हर दिन नई लग रही ज़िन्दगी

***

हर दिन नई लग रही है ज़िन्दगी
उम्र के ऐसे मुक़ाम पर आ पहुँची है
कि लगता है
पहले से बहुत निखर गई है ज़िन्दगी!
हर सुबह नया सन्देश लिए आती है
हर शाम एक नया जाम बना कर

नए दिन के
नए सपनें बुनने लगती है ज़िन्दगी!
कभी रूकना नहीं
कभी थक कर बैठने को

नहीं कहता ये मन मेरा,
मुझे नई दुनिया दिखाने को बेताब
बनाए रखती है ज़िन्दगी!
आज वक़्त ठहर गया हो चाहे,

लेकिन मुझे चलते रहने को
उकसा रही है ज़िन्दगी!
मैं ठहरूँगा नहीं

रूक कर थकना मुझे आता नहीं!

मंज़िल कब आएगी
किसी को ख़बर नहीं,
लेकिन सपनों में बसे
मेरे मुक़ाम तक पहुँचा कर ही

रूकने का नाम लेगी यह ज़िन्दगी!

- 06/06/2020

67
वायरस के दस दिन

(कविता नहीं जीवन की सच्चाई)

***

(जब करोना वायरस का कहर शुरू हुआ और ज़िन्दगी की रफ़्तार एकाएक थम गई थी। सब कुछ रूक गया। लोग एकाएक घरों में बंद होकर क़यामत के दिन की सोचने लगे। सब ख़ाली-ख़ाली लगने लगा था। दस दिन जैसे दस बरस समान लग रहे थे। तभी यह भाव मन में आए जो मैंने लिख डाले। और मन को मैं ढाढ़स बँधाने में सफल रहा। आज भी परिस्थिति वैसी ही है, लेकिन लगता है यह वायरस अब जीवन का अभिन्न अंग बन गया है।)

दस दिन दस बरस के समान लग रहे हैं
लगता है बाहर
क़हर बरसा रही है ज़िन्दगी!
न तो बर्फ़बारी का मौसम है
न ही सूरज ने कहा कि,
"बाहर न निकलो,

मैं आग बबूला हूँ, तुम्हारी हरकतों से
घर में बंद रहो नहीं तो झुलसा दूँगा मैं तुम्हें!"
मैंने नहीं सीखा सबक़ समय रहते,
न रंग बदलती ऋतुओं से,
न हरे भरे खलियानों से,
न बर्फ़ से लदे पहाड़ों से,

और न ही सूरज की गर्मी से!

मैं तो बस लूटने में लगा रहा

जो मिला बस

वह अपने अन्दर कर लिया!

जल्दी करो, जल्दी करो

कहीं सब ख़त्म न हो जाए!

न ही मैं रूका,

न मैंने किसी को रुकने दिया!

नेमत है क़ुदरत कि मेरे पास

बस इसे जितना लूट सको तो लूट लो!

और मेरी इसी सोच ने

धरती का सन्तुलन बिगाड़ दिया!

मेरे आने वाली पीढ़ियों को

न महल काम आएँगे, न ढेर से ख़ज़ाने!

सोने-चाँदी के सिक्कों से वह

क्या ख़रीद पाएँगे ?

न खाने की रोटी, न पहनने को कपड़ा!

मेरी धरती अब जैसी है

उसे वैसी ही रहने दो!

वह अब डगमगा रही है!

जहां हो, वहीं रूक जाओ
जो मिल रहा है,
उसे मिल-बाँट कर खा लो!
तरक़्क़ी करो, ज़रूर करो
मगर धरती की रफ़्तार का भी ध्यान रखो,
चाँद-तारों की रफ़्तार से
तो तेज भागने की कोशिश न करो!
हंसों-गाओ-गुनगुनाओ गीत ख़ुशी के
दो वक़्त की रोटी के साथ
कुछ और पाने की होड़ में
कुछ ऐसा मत करो की
एक वायरस ही तुम्हारा वजूद ख़त्म कर दे!
इस डर से निकलो और
मिलकर आगे बढ़ने की क़सम खाओ!

- 01/04/2020

68
नई किरण

***

मेरा कृष्ण कभी रूठता नहीं

मेरा राम कभी रुष्ट नहीं होता!

न अल्लाह, न मौला
न नानक मेरा, न मसीह

कभी रूठता नहीं!

बस आँख मूँद कर मुस्कुराता है
- कहीं बाँसुरी बजाता

कहीं मर्यादा का पाठ पढ़ाता
कहीं जीने की नई राह सुझाता

और कहीं सिमरन-भजन में

रत रहने को कहता!

मैं भूल गया
मैं भटक गया

अपनी राह चलते मद मस्त हुआ!
- कोई नहीं मेरा सानी

मैं अब विश्व विजेता हूँ
मैंने विश्व यह सारा जीत लिया,
अंबर से भी ऊपर जाकर

चाँद-तारों को भी समझ लिया!

यह धरती अब नगण्य है

मैंने नभ भी अपने वश में किया!

लेकिन मेरा यह दंभ

एकाएक अब चूर हुआ,

मैं ठगा हुआ तुम्हें देख रहा!

हे नाथ मेरे! कृपा करो

मुझे अपनी क्षरण में ले लो!

अब नहीं चाहिए मुझे गगन मंडल

मुझे बस जीवन के कुछ क्षण और दे दो!

मैं पक्षी बन कर

स्वच्छंद भाव से विचर सकूँ,

भय मुक्त भाव से जी सकूँ!

मुझे जीने का

एक अवसर दे दो,

मुझे नई दिशा दो

मुझे नई किरण दिखला दो!

हे नाथ! मुझे नया जीवन दे दो!

- 11/04/2020

69

सूरदास की कल्पना...

***

क़ानून की आँख पर
पट्टी बंधी होती है,
क़ानून सिर्फ़ सुनता है
तर्क के आधार पर

अपना निर्णय देता है!

लेकिन दर्द की भाषा
समझने के लिए
किसी तर्क की ज़रूरत नहीं।

क़ानून बनाने वाला
मेरा राजा
मेरे दर्द का

इलाज जानता है!

वह तो प्रजा का सेवक है!

उसे तो मेरी एक उँगली ने
एक बटन
दबा कर चुना था!
दुर्भाग्य मेरा कि

वक़्त रहते
राजा बनकर
ताज पहन कर
मेरा राजा

अपने कान खो बैठा!

कुछ भी सुनाई
नहीं पड़ता अब उसे,
न किसी का दर्द
न कोई आह!

बस उसे
चाटुकारों के फ़र्शी सलाम
दिखाई देते हैं,
यह अलग बात है
कि
अपनी तारीफ़ में
क़सीदे पढ़ने वालों के होंठ
उसे सब समझा देते हैं!

जो बात
पते की होती है
वह आँखों से ही

सुन लेता है!

मेरा राजा
बहुत उन्नति कर चुका है
अंधा न होकर भी

वक़्त के तक़ाज़े से

अंधा बन जाता है!

मेरा राजा

अब बड़ा सयाना है

बिन कानों के

सब सुन लेता है,

बिन आँखें खोले

सब देख लेता है

और तो और

बिन पैरों को हिलाए

पूरे ब्रह्मांड का

भ्रमण कर लेता है!

अब लगता है

सूरदास की यह कल्पना

मेरे- उसके

ईश्वर के लिए नहीं थी

बल्कि

यह मेरे

आज के राजा के लिए थी!

क्योंकि

मेरा ईश्वर तो

मेरी आत्मा में बसता है

उसे किसी माध्यम की ज़रूरत नहीं!

- 23/09/2017

70
हम कहां जा रहे हैं

***

ये चीखना-चिल्लाना

बुलंद आवाज़ में
अपनी बात सिद्ध करने की कोशिश करना
क्या भारतीय सभ्यता की निशानी है ?
हम कहाँ जा रहे हैं ?
हम किसे अपना ध्येय मान बैठे हैं ?

यह लांछन लगा कर
अपनी सता स्थापित करने वाले
किस संस्कृति
और किस सभ्य समाज का
निर्माण करना चाहते हैं ?

ये क्या हो रहा है देश में ?
अब लगता है
आने वाले कल
बच्चा तो माँ की कोख से निकलते ही

चीख-चीख कर

अपने आने की घोषणा करेगा!

हे मेरे देश के कर्णधारों!

ठहर जाओ!

ज़रा सोचो!

हम कैसी गर्त खोद रहे हैं ?
हम कौन-सी विरासत
पीछे छोड़कर जाएंगे ?
मेरा भारत

जातिवाद के नारों से बिलख रहा है!

रुक जाओ
ठहर जाओ
ठहर कर जरा सोचो!

सौम्य भाव अपनाओ,
एक दूसरे पर लांछन न लगाओ,

अपने-अपने कर्म क्षेत्र का
निर्धारण करो
अपना ही कर्म अपनाओ
यही हमारा अधिकार क्षेत्र है!
हमारी जीत तभी निश्चित होगी
हमारी विरासत तभी बचेगी!

- 31/01/2020

71
हमारे बच्चों की नानी

***

TV कीं दीवानी

हमारे बच्चों की नानी!

याद रहती थी हर ख़बर

चाहे हो नई, चाहे कितनी पुरानी!

वक़्त की पाबन्द थी

हर खबर वह सुनती थी ;

राम देव की थी दिवानी!

चाहे योगासन हो या रामदेव का जोकर पन,

सुबह का पहला घंटा

उसी में लगाती थी!

पूजा में रहती थी मगन

माला जपते-जपते

भूल जाती थी खाना-पीना,

बस टीवी सीरियल का समय फ़िक्स था

वही देख कर,

वही कहानियाँ सुनाती थी!

जीवन के नए क़िस्सों

की पोटली जब-जब उनकी खुलती थी,

सुबह से शाम भले हो जाए

कहानी ख़त्म नहीं होती थी!

कुछ क्षण समेट लिए मैंने,
झोली में मेरी वही ख़ज़ाना,
समय रहते सब कह दूँगा
बस सब सुनने को

तैयार रहना!

मेरे बच्चों की नानी
याद सदा आएगी तुम्हारी
घर में रौनक़ कब लौटेगी,नहीं पता
पर तुम्हारी हर नई कहानी से
दिन बीत जाएगा हमारा,
पर गुज़रा हुआ ज़माना
कभी लौट कर नहीं आएगा -
बीती बातों का ख़ज़ाना ही

मेरे हर दिन को खुशहाल रखेगा!

याद आए तो चली आना

लौट कर किसी नए रूप में!

कभी भूले से दस्तक दे जाना,

आते-जाते हवा के हर झोंके के साथ

अपना अहसास छोड़ जाना!

ज़िन्दगी के नए मोड़ पर,
जहाँ भी हो खुश रहना
बच्चों को आशीष देते रहना

बच्चों की यादों में बसी रहना!

- 13/05/2021

72
जीने की तमन्ना

***

जीने की तमन्ना
अब रास्ता भटक गई है
लगता है
ख़ुशी ने भी
मेरा दामन छोड़ दिया है!
यूँ घुट कर जीने का क्या मज़ा है
जब

मेरी नज़रिए को समझने वाले नहीं रहे!
लोग अपनी कुंठाएँ लिए
मेरे पास चले आते हैं
और मैं उन्हें सुलझाने की कोशिश में

कुछ ज़्यादा ही मशगूल हो जाता हूँ
कि अच्छा भला करने की जगह
उन्हें ही नाराज़ कर देता हूँ!
रंग मचं पर मेरा किरदार
अब ऊब गया है

इस कहानी को ही
दोहराते-दोहराते!

लगता है

वक़्त आ गया है

किसी नई कहानी की

पटकथा लिखने का!

किरदार कौन होंगे

मेरा रोल क्या होगा

नहीं पता!

मुझे लगता है

पर्दे के पीछे होकर ही

कुछ सोचना होगा!

- 13/02/2022

73
काश यह सच होता!

***

.काश! यह सच होता,

न मैं होता न तुम होती

देख सकते न सही

पर ये जहान कोई

दूसरा ही होता!

मेरा ईश्वर भी न होता

तेरा खुदा भी न होता!

हम देख न सकते

कोई दूसरी दुनिया होती

ये ईश्वर और ये खुदा भी

कोई दूसरा ही होता!

जो न लड़ता

न लड़ाया जाता!

पानी भी होता

हवा भी होती

पर लड़ने वाला न होता

क्योंकि न मैं होता

न तुम होते -

दूसरे सब होते

कोई भेद न होता

प्रेम होता

सब एक होते

एक ही खुदा

और एक ही ईश्वर होता!

सब तरफ़ प्रेम बरसता

कितना ख़ुशनुमा ये जहां होता!

- 13/02/2017

74

सपनों का भारत

(यह कविता मैंने 15 अगस्त 2002 के दिन हमारे प्रिय प्रधानमंत्री माननीय अटल बिहारी बाजपेयी के भाषण से प्रेरित होकर लिखी थी)

***

सपनों का भारत
उठो, चलो आगे बढ़ो
अब वक्त तुम्हारा आया है!

वक्त है हमारा,देश है प्यारा,
सोच नई, हर डगर नई,
नई दिशाएँ, नए आयाम।
नहीं चाहिए बन्दुक की गोली,
बंद-हड़तालें,
देश एक
प्रदेश की बात है बेमानी!
करना है कुछ ऐसा काम
देश बने खूब खुशहाल।
कुछ करने से पहले सोचें,
कुछ करने से पहले देखें,
सुनने की सारी शक्ति हम
गुरु-मंत्र को सौपें।
उठो! चलो आगे बढ़ो,
अब वक्त तुम्हारा आया है!

निंदा त्यागें, उपहास को छोड़ें
कर्म को पहचानें,
फल देश को सौंपे,
सुने नहीं,
धारण करें,
मैं-मैं नहीं,
हम सब करें,
देश आगे बढ़े,
हम साथ चलें

आगे बढे, बढ़ते रहें!

लक्ष्य एक,
मैं एक नहीं,
सौ करोड़ कदम,
हर दिन, हर पल

बढ़ते रहें!

कल जो होना है
क्षण में होगा,
कल का सपना,
साकार अभी होगा।
यह देश महान,
संस्कृति महान
नारों से अब कुछ न होगा,
बातों से न देश बनेगा,
बहसों के पुल टूट जाएंगे,
कर्म करेंगे
हम सब मिल कर

तभी देश का होगा उत्थान!

एक नहीं,
दो नहीं
सौ करोड़ -
सौ करोड़ शब्द
एक साथ गूँजें
- गाँधी के इस देश को आगे बढ़ना है
स्वयं को,
सब अपने आपको समझें,

तभी देश आगे बढ़ेगा!

" मैं तुममें खो जाऊं",
नहीं
" मैं तुमसे यही पाऊं"-

नहीं!

- हम सबको अब यही कहना है,
मैंने, तुमने,
हम सबने

अब कुछ करना है!

मुझको, तुमको,
हम सबको मिलकर
अपने लक्ष्य को पाना है,
अपने अपने कर्तव्य को
निभाना है,
देश को आगे बढ़ाना है।
उठो, चलो, आगे बढ़ो,
साकार करो सपनों का भारत,
साकार करो अपना सपना।

- 15/08/2002

75

भूली बिसरी यादें

***

जीवन की भूली-बिसरीं यादें

क्या

किसी और जन्म का क़िस्सा हैं!

किताबों में लिखा है

कि रिश्ते सात जन्मों के होते हैं!

कहीं नहीं लिखा मगर कि

यह सात जन्म कब और कैसे होते हैं!

मेरी मानें तो

सात नहीं हर दिन हम नया जन्म पाते हैं!

कड़ियाँ जोड़ लेते हैं
तो लगता है
एक ही जन्म है,
और कड़ियाँ टूट जाएँ
तो लगता है यह सब

पिछले जन्म की बात है!

- यही क़िस्सा है ज़िन्दगी का!

हर दिन नया जन्म
और भूले बिसरे दिन,पल, क्षण

कोई और जन्म!

यादों के समन्दर से निकल कर
जीवन विषम दिखाई देता है,
बिना यादों के जीवन ठहर गया लगता है!
हर पल को संजो कर रखना ही जीवन है!
कड़ियों को जोड़ते रहना ही
मेरा-तुम्हारा कर्म और
यही हमारा धर्म है!
जीवन तभी जीवन्त लगेगा
जीवन तभी अपना लगेगा!
न जन्म कोई और मैंने देखा है
न ही तुमने देखा है, न कोई मुझे या तुम्हें दिखा सकता है!
ये क़िस्से कहानियों की बातें हैं बस
कपोल कल्पनाएँ हैं!
यह सब जो है उसे
जीवन्त रख लें
यही बड़ी बात है! हम मिलते रहें
बातें करें एक-दूसरे के मन की आवाज़ सुने
यही बड़ी बात है!
जो साथ नहीं है
उसके शब्द
मन में सहेज लें
यही बड़ी बात है!

- 20/01/2021

76

सब कुछ बदल गया!

***

तीस बरस में सब कुछ बदल गया!

देश बदला

दुनिया बदली

शहर-गाँव-घर-मोहल्ले सब बदल गए!

जीने का अन्दाज़ बदल गया

पैसे का रंग बदला

होड़ की दौड़ में

हम सबकी सोच बदल गई!

रिश्ते-नाते

दोस्त-दुशमन की पहचान,

मेरा-तुम्हारा ईमान बदल गया!

पहले रिश्ते दिल से होते थे,

पहले दोस्त

दिन भर की दौड़ के बाद

अपनी थकन मिटाने को मिलते थे!

अब मगर

यह सब बदल गया!

अब दोस्त वही

जो पैसे की ताक़त रखता हो!

अब दोस्त वही

जो शोहरत और रुतबा रखता हो!

अब दोस्त की पहचान
नई दिल्ली के बड़े-बड़े बंगलों में

बैठे सौदागरों के रिश्तों से होती है!

कोई माने या न माने
अब दोस्त की पहचान

खद्दर के पजामे-धोती-कुर्ते से नहीं

अरमानी के सूट

और मेबैक के चशमें से होती है!

अब दोस्त की पहचान
बैंक के लोन को न चुकाकर,
किसी के सपनों की कुटिया के बदले
अपने महल बनाकर,
और अपने को

बेबस-लाचार सिध्द करने के लिए

गोलफ लिंक से लंदन तक
पहुँच रखने वाले
क़ानून के रखवालों की फ़ौज तैनात
करने में जुटे

बिज़नेसमैन से होती है!

अब और क्या कहूँ ?

मेरे आसपास सब बदल गया,
लेकिन मैं वैसे का वैसा,
गली–मोहल्ले और शहर की सड़कें नापते हुए
अपने दोस्तों को ढूँढता हूँ,
जो शोहरत और दौलत के बीच
कहीं गुम हो गए!

या फिर कभी–कभी
देर रात तारों में ढूँढता हूँ
कोई चेहरा
जो मेरे से दूर जाकर
आकाशगंगा की ऊँचाइयों में
कही छिप गया है!

काश! तीस साल पहले के दिन लौट आते!
काश! मेरे जाने पहचाने चेहरे
मेरे इर्द-गिर्द फिर से महफ़िलें सजाते!

- 25/01/2021

77

नयी उड़ान

***

किसी को जब
मन से अपना कह दिया
तो पीछे मुड़ कर
देखना मुझे भाता नहीं!

मैंने तो सदा माना है
किसी से मुलाक़ात,
आगे बढ़े हुए हाथ
किसी दूसरे की मर्ज़ी के
मोहताज नहीं होते!

राहगीर मिलते हैं वही
जो हमारे भाग्य में लिखे होते हैं!
हज़ारों मिलते हैं
नज़र मिलने से पहले ही
बिछुड़ जाते हैं!
बहुत कम ही होते हैं
जो एक नज़र में ही
जीवन में एक नया अधाय्य
लिख देते हैं,
बहुत कम लोग हैं

जो दिल की बात
समझ पाते हैं!

यूँ ही रास्ते भी
हज़ारों होते हैं सामने,
लेकिन कोई एक ही होता है
जो हमें सही रास्ता सुझा जाता है!

किसी से मिल कर
साथ चलते हुए
जिस ख़ुशी का
एहसास है मन में मेरे,
मैं उसी ख़ुशी को
बनाए रखना चाहता हूँ!

ये अलग बात है कि
कोई कुछ खो देने का डर
कहीं किसी खोह से निकल कर
सबके बीच में आकर बैठ गया है,
और जो
कहीं न कहीं
मेरे अंतर्मन को
झकझोर रहा है!

मुझे बार-बार कचोट रहा है
एक राह
जो जा/नी-पहचानी है

उसे छोड़कर,
कोई नई राह
खोजने को कह रहा है!
मेरी मानो दोस्त
डर के पैर बहुत लम्बे होते हैं!
डर अपना रूप बदल कर
मेरा हमराज़,
मेरा हमसफ़र
बनने का स्वाँग रच रहा है!
जो राह आसान थी
उसे छोड़ कर
नई राह,
नई दोस्त
बनाने को उकसा रहा है!

दुनिया में डर का माहौल
बना रहे हैं कुछ लोग,
रोज़गार नहीं
जुए के नए- नए अड्डे
बना रहे हैं लोग!
रात दिन सब जुटे हैं
- बस पैसे की बौछार हो जाए,
बाक़ी दुनिया भाड़ मैं जाए!

मेरी- तुम्हारी कद्र

बस तभी तक है,
जब तक हम स्वयं जुटे रहेंगे
कोशिश करके
नए- नए रास्ते निकालेंगे,
दिन को दिन नहीं

और रात को रात नहीं कहेंगे!

अब दुनिया को
थोड़ा रूकना होगा,
हम सब को भी
अब थोड़ा ठहरना होगा,
थोड़ा ज़ुबान पर अपनी
लगाम देना होगा,
थोड़ा काम पर भी
ध्यान देना होगा!

दुनिया को नया रास्ता
देने की कोशिश करनी होगी!

एक नए सिरे से
जीवन को समझना होगा,
पर याद रहे
दोस्त बड़ी मुश्किल से मिलते हैं!
उन्हीं को साथ लिए
अब एक नयी
उड़ान को निकलना होगा!

- 19/07/2022

78
नई सोच

***

किसी वस्तु-व्यक्ति या
घटना और दुर्घटना के कारण
जब हमारी सोच का दायरा बदलता है
तो मन से निकल कर
ईश्वर शब्दों के सहारे

घटनाओं और दुर्घटनाओं के सहारे
किसी न किसी रूप में
आकर हमें दर्शन दे जाता है।
कल्पनाओं से परे
मेरा आराध्य मुझे

किसी न किसी रूप में दर्शन दे जाता है।
ज़रूरी नहीं कि
उसका रूप वही हो
जो कि हमने तस्वीरों में देखा है।

वह तो कोई भी हो सकता है
मैं-तुम या फिर कोई परिंदा
या मेरी गली का कुता

या जंगल में विचरने वाला कोई जानवर।

बस एक ही रूप है जो कभी बदलता नहीं,
- वह रूप है उसके भाव का
जो मेरी इच्छा शक्ति को बदल देता है!

और मुझे एक नई राह के दर्शन हो जाते हैं!
मेरा जीवन
एकाएक नया रूप,
नया अर्थ पा लेता है जीवन का!

- 10/04/2020

79
एक मुट्ठी में क़ैद दुनिया

***

जाने कब आएगा वो समाँ

महफ़िलें होंगी जब फिर से जवाँ!

जाम से जाम चाहे न टकरा सकें

मिलना हो जाए,

बस यही बड़ी बात होगी!

दुनिया सिमट गई है

चार दिवारों के भीतर!

अब वक़्त ऐसा आ गया है

कि बात करने से भी डर लगने लगा है!

कि कहीं कोई शब्द होंठों से निकले

और मेरे जिस्म में

कोई ज़लज़ला न आ जाए!

अब माया का मोह नहीं रहा

न पहनावे की कोई चिन्ता

बस एक ही दुआ

होंठों से निकलती है

कि ऐ मेरे मालिक!

मेरा सब क़ुर्बान तुझ पर

बस मेरी जान बख्श दे!

बातें बहुत कर ली बुलन्दियों की
आकाश कुसुम तोड़ लाने के
सपने बहुत ले लिए,
अब एक ही सपना शेष है मेरा

बस तू उसे पूरा कर दे!

- मेरी महफ़िलों में वही रौनक़ कर दे
उम्र चाहे कम कर दे
पर जब तक हूँ मेरे हमदम

मेरे यारों से मेरा घर भर दे!

मैं झूमूँगा–नाचूँगा-गाऊँगा गीत ख़ुशी के

बस तू इस दुनिया को पहले जैसा कर दे!

- 19/10/2020

80

"माँ तुझे प्रणाम"

(1922-13/08/2011)

***

माँ

तुम कहाँ हो

उठते-बैठते

सोते जागते

तुम्हारी आहट सुनाई देती है!

शायद तुम आज भी पुकारती हो मुझे!

पूजाघर में तुम्हारी आहट सुनाई देती है,

बरामदे में तुम्हारी छवि मुझे दिखाई देती है!

सीढ़ियों से उतरते तुम्हारी तस्वीर में झलकती

मुस्कुराहट मुझे हर पल तुम्हारे साथ का

एहसास करवाती है!

वो बीत चुका बचपन,

वो गोदी में बैठा तुम्हारी

मेरा लड़कपन, बहुत याद आता है!

सबकी अपनी-अपनी दुनिया है

और तुम्हारी दुनिया तो मैं था!

अब कोई और न मिला, न मिल सकता है

जो मेरी दुनिया को ही

अपना आइना कह सके!

ऐ माँ! तेरी बहुत याद आती है!

एक तुम ही तो थी

जिसे मेरा रोना- चीख़ना-चिल्लाना,

ग़ुस्से में सिर पटक कर रोना

भी कहीं प्रेममयी लगता था!

वो तुम ही तो थी

जो क़हर बीत जाने पर

अपना धैर्य नहीं खोती थी

- सब ठीक हो जाएगा

तू ना घबरा तेरा हर सपना पूरा हो जाएगा!

देख माँ!

मेरा हर सपना पूरा हो गया,

तेरा बेटा आज बहुत बड़ा हो गया!

पर तुम नहीं तो सब कभी-कभी बेमानी लगता है!

मेरी हर साँस समर्पित तुम्हें!

पर वो भी बेमानी क्योंकि अब केवल यादों में तुम्हारा साथ है!

बस तुम्हारे साथ का एहसास है

और मैं उसी एहसास के साथ जीना चाहता हूँ!!

ऐ माँ! मेरा नमन तुम्हें!

- 13/08/2017

81 आशीर्वाद

***

अब गिनती
नहीं होती मुझसे!
उम्र अब एक किनारे
रख कर ही बात कर लें,
यही बेहतर होगा!
बार-बार यह याद दिलाना
अब भाता नहीं मन को
कि
तुम मेरे देखते ही देखते
बडे हो गए हो,
कि तुम्हें देख कर
अब मुझे
तुम्हारा बचपन याद आता है!
बचपन से अब तक
का हर लम्हा
मुझे कोई पिछले जन्म का
फ़साना लगता है!
तुम अब नई दुनिया में
अपना खुद का वजूद
तलाश रहे हो!

तुम अपने
हर नए दिन के साथ
अपने पंख लगा कर,
उड़ान भरते हुए,
नई ऊँचाइयों को

छूने में लगे हो!

मेरा आशीर्वाद सदा साथ
रहेगा तुम्हारे
पहचान नई

अति शीघ्र तुम बनाओगे!

- नई दुनिया में तुम
शिव का हाथ थामें,
सदा आगे ही आगे बढ़ते हुए,
आत्मिक आनंद पाने की

नई राह खोज पाओगे!

वही राह तुम्हें
नई पहचान देगी

और देखना! वह दिन दूर नहीं जब
मैं तुम्हारे नाम से
पहचाना जाऊँगा!

यही कामना है मेरी
तुम्हारे 37वें जन्मदिन पर!
-जन्मदिन की हार्दिक शुभकामनाओं सहित
तुम्हारे पापा!

- 28/06/2022

82

ग़म दूसरों को भी होते हैं!

***

ग़म केवल तुम्हारी जागीर नहीं

ग़म दूसरों को भी होते हैं!

मुश्किलें राह में

सबके ही आती हैं -

तुम्हारी राह में आई

तो कोई नयी बात नहीं!

चलते-चलते लड़खड़ाना,

लड़खड़ा कर गिरना

गिरते-गिरते सँभल जाना -

या गिर कर

झटपट उठ कर चलना

कोई नई बात नहीं!

दस्तूर ज़िन्दगी का

जीवन के पहले दिन से

अंत तक यही है।

अपने पैरों पर खड़े होना,

संभलना -

संभलकर चलने का
नाम ही है ज़िन्दगी!

मुझको-तुमको-हम सबको
अंगारों पर चल कर
अपनी मंज़िल तक पहुँचना
हर दिन की बात है।

ख़ुशक़िस्मती है हमारी
कि राह पर चलते-चलते
कोई हमसफ़र साथ चल दे,
राह में आए हर पत्थर को

फूल सा कोमल कर दे!

ख़ुशक़िस्मत हैं हम कि
ख़ुशी में ही नहीं
हर मुश्किल में
कोई मेरा हमसफ़र

मेरा साथ दे!

- 24/02/2021

83
खोए हुए शब्द

***

कभी खोए हुए शब्द मिल जाते हैं

कभी अजनबी चेहरे पहचाने हुए लगते हैं!

लगता है कहीं खो गए थे

भीड़ में बिछुड़ गए थे-

मन करता है कि बात करें

पहचान बनाएँ

लेकिन झिझक होती है कभी

कभी अहम की परत

उभर आती है चेहरे पर

लगता है कि

कहीं कोई कुछ छीन न ले

मेरे सुख का मुझसे हिस्सा!

आनंद मगर मिल-बाँट कर खाने में है,

आनंद मगर हर सुख, हर गम

सम भाव बनाने में है!

आनंद तो एक साथ ख़ुशियाँ मनाने में है!

आनंद तो मिल बाँट कर खाने में है!

- 21/02/ 2017

84

शादी

***

शादी एक नियम है,

हमारे जीवन की आख़िरी मंज़िल है!

बड़े होने पर क्या कहते हैं सब ?

अब सब कुछ हासिल कर लिया

बस तुम शादी करके

घर बसा लो!

एक बात और भी है

कोई इसे झूठला नहीं सकता

- बड़े होते ही हम

झरोखों से झांकते फिरते हैं,

इधर-उधर डोलते फिरते हैं

कोई अच्छा साथी मिल जाए!

घर अपना बस जाए,

दो-चार बच्चे हो जाएँ,

एक बंगला हो

एक गाड़ी हो

और हम दोनों साथ हों!

-तभी तो

मौसा- मौसी,

फूफा-फूफी,

मामा- मामी,

चाचा-चाची,

मम्मी-पापा का साथ है!

अरे यही तो जीवन है

और यही यौवन की बात है!

अब बड़े हुए हैं

अब यह सब करना होगा!

शादी कोई ढकोसला नहीं,

यही जीवन का सत्य है,

यही जीवन है!!

85
डरना मना है

***

जीवन में डरना मना है!

जीवन एक दर्शन है

सत्य का!

जो हुआ

वह सत्य था,

जो हो रहा है

वह भी सत्य है,

और जो कल होगा

उसकी चिन्ता क्यों करें ?

क्योंकि आने वाला कल भी

हमें सत्य के दर्शन करवाएगा!

सत्य शाश्वत है

वही मार्गदर्शक बन

हमें नई दिशा देगा!

ऐसे में चिंता नहीं,

चिंतन ही जीवन है!

- 04/03/2022

86
सप्तरंगी यह जीवन

***

सप्तरंगी यह जीवन

तेरे साथ से बना!

एक– दो नहीं

यह कई जन्मों की

है कहानी! Hi

कभी सोचा नहीं था
कि एकाएक
तुम राह चलते दिख जाओगी
और
मेरी आँखें झट से

तुम्हें पहचान लेंगी!

अरे! वह तुम ही थी

जो अठतीस बरस पहले,
सप्तरंगी सपनों की माला लिए
मेरे साथ चली आई थी

एक नई दुनिया बसाने!

ढेर से सपने बुने

जो कई जन्मों से अधूरे
कहीं दूर किसी ओर दुनिया में
पीछे छूट गए थे
-वह सब झोली में तुम्हारी
बंधे रखे थे,
जिन्हें एक-एक करके
हम दोनों ने
फिर से देखा,
पहचाना
और जुट गए एक साथ!

सभी सपने साकार किए,
कई बातें हुई
बहुत झड़पें हुई,
कुछ बिखरे,
कुछ भूल गए,
लेकिन वक़्त रहते
धीरे-धीरे सब
साकार होते गए!

नई दुनिया बनी,
जो तुम्हारे साथ से बनी
और उसी दुनिया से हमें
एक नया जीवन मंत्र मिला!
यह साथ सिर्फ़ निभाने को नहीं
एक-दूसरे को समझने का है!

यह साथ सिर्फ़
अपने-अपने
वजूद का नहीं,
एक ही साथ जुड़ कर
एक नई पहचान बनाने का है!

तुम मुझमें खो जाओ
या
मैं तुममें खो जाऊँ नहीं,
हम एक साथ
एक नए युग का निर्माण कर सकें
ताकि
यह साथ
हर दिन
एक नया जन्म देखें,

नए-नए रंग मिलते रहें
और
जीने की तमन्ना सदा बनी रहे!

- 13/04/2022

87
मेरे अपने जो बिछुड़ गए

***

जब मेरा अपना

कोई बिछुड़ जाता है

दूर सपनों के देश

चला जाता है...

मेरी मानो

दूर तारों के बीच जाकर

वो भी एक तारा बन जाता है!

और वो तारा

कभी- कभी देवदूत बन कर

मेरे सपनों में आता है

- कभी मुस्कुराता है

कभी गीत नए सुनाता है!

दर्द की चरम सीमा पर

था चाहे वह पहले

पर सपनों में वो सदा

मुस्कुराहट बिखेरता है!

नए गीत गुनगुनाते हुए,

नए सपनों की बातें करता है!

आशा की नई किरण
की अलख जगाता है!

मेरे मन में नए अरमान जगाता है!

शब्दों से दूर है अब
इसीलिए बस
अपनी मुसकुराहट से
यही सन्देश देता है
कि दूर दुनिया है
जो बहुत सुन्दर है
- वहाँ न डर है,
न धोखा
न पाने की खुशी,
न खोने का गम
न कोई दिखावा
और न कोई बडप्पन!

बस मुसकुराहट है,
प्रेम है
संगीत है
और मनभावन सुगन्ध!!

- 31/12/2016

४४

शब्द

***

शब्द
अपने मन की बात
कहाँ कह पाते हैं ?
शब्दों को
जोड़-तोड़ कर ही
हम नई दुनिया बनाते हैं!

इन्हीं शब्दों के समूह से
बना धर्म,
और अब
हम धर्म का मर्म
ही भूल गए,
शब्दों को तोड़ने-मरोड़ने लगे,
ऐसे में शब्दों की क्या है
जुर्रत कि वह
अपने आप से कुछ कह सकें!

वह तो गुलाम बन गए हैं
धर्म के ठेकेदारों के,
- वह गुलाम बने हैं
राजनीतिक सलाहकारों के!

शब्दों का अपना संसार
कहाँ है साहब ?
शब्द बेचारे तो
बेघर हो गए हैं!

हर कोई अपनी बात रखने को
इन्हें चुनकर,
कहीं कोने में दिल के
इन्हें रख लेता है,

और कभी ज़ुबान से,
कभी कलम से
अपने दिल की बात कह कर,
नित नई माला जपता है!

यदि भा जाए
सबके मन को
तो सेहरा अपने सिर बाँध लेता है,
वरना सारा का सारा ठीकरा
शब्दों के जाल पर मढ़ देता है!

साहब! शब्दों को राह दिखाइए
सुख-चैन और मोहब्बत की,
वरना आने वाली पीढ़ी की
ज़ुबान बदल जाएगी,

अपनी बात कहने से पहले
तलवार निकल जाएगी!

हम शब्दों के सहारे
मानव नहीं,
मानव बंब बना रहे हैं,
नई पीढ़ी को गुमराह करके,
चैन की बंसी बजा रहे हैं!

हाथ जोड़कर विनती है मेरी
शब्दकारों से,
राजनीतिक सलाहकारों से
कि
शब्दों से प्रेम करना सीखें,
और इन्हीं शब्दों के सहारे
सब लोगों को प्रेम का पाठ पढ़ाएँ!

वरना शब्दों के बाण
इस दुनिया को छलनी कर देंगे,
शब्दों के बल पर
दुनिया वीरान होने में
देर नहीं लगेगी!
शब्दों के बाण त्यागो
शब्दों से फूल बरसाओ!

- 21/04/2022

89
चाटुकारों से सावधान!

(मेरे देश के सभी नेताओं को समर्पित)

***

बस करो यार यह गुणगान!

देश के लिए हो,

तो देश सेवा करो,

मत करो उसका बखान!

सीमा की रक्षा करता है प्रहरी,

कल वो भी शुरू हो जाएगा!

स्वयं अपनी प्रशंसा करेगा,

नारे लगाएगा और

ख़ुशी के गीत गाएगा!

भाई जी!

आपको हम सबने चुना है,

काम का ज़िम्मा लिया है आपने!

सुविधाओं का पहाड़

जुटा रखा है आपके लिए,

पलक झपकते आपके लिए

हर काम करने को

पूरी सेना तैयार है!

जब प्रशंसा मिले
तो ख़ुश होना,
कोई गिला करे,
या कमी गिनाए
उसे भी सहने की शक्ति जाग्रत रखना!

फूल भी हमने बिछाए हैं
और उनमें छिपे काँटों को भी
तुम्हें ही सहना होगा!
कमियाँ निकालने वाले
तुम्हारे सच्चे हितैषी हैं,
उन्हीं के अपना मानो,
चाटुकारों की सेना तो
तुम्हें यह युद्ध नहीं जिता सकती!
वह तो बस
वाहवाही में जुटी रहेगी,
बहसें करेगी,
दंगों की बातें करेगी,
लेकिन घर हमारा
तब तक जल जाएगा!
घर को बचाना है
तो कुर्सी का क़िस्सा छोड़ कर,
सबको साथ लेकर चलो
तभी देश बच पाएगा!

- 25/04/2021

90
भूली-बिसरी यादें

***

जीवन की भूली-बिसरीं यादें

क्या

किसी और जन्म का क़िस्सा हैं!

किताबों में लिखा है

कि रिश्ते सात जन्मों के होते हैं!

कहीं नहीं लिखा मगर कि

यह सात जन्म

कब और कैसे होते हैं!

मेरी मानें तो

सात नहीं

हर दिन हम नया जन्म पाते हैं!

कड़ियाँ जोड़ लेते हैं

तो लगता है

एक ही जन्म है,

और कड़ियाँ टूट जाएँ

तो लगता है यह सब

पिछले जन्म की बात है!

- यही क़िस्सा है ज़िन्दगी का!

हर दिन नया जन्म
और भूले बिसरे दिन,पल, क्षण
कोई और जन्म!
यादों के समन्दर से निकल कर
जीवन विषम दिखाई देता है,
बिना यादों के जीवन ठहर गया लगता है!

हर पल को संजो कर रखना ही जीवन है!
कड़ियों को जोड़ते रहना ही
मेरा-तुम्हारा कर्म और

यही हमारा धर्म है!
जीवन तभी जीवन्त लगेगा
जीवन तभी अपना लगेगा!

न जन्म कोई और मैंने देखा है
न ही तुमने देखा है,
न कोई मुझे या तुम्हें दिखा सकता है!
ये क़िस्से कहानियों की बातें हैं बस
कपोल कल्पनाएँ हैं!
यह सब जो है उसे
जीवन्त रख लें
यही बड़ी बात है!
हम मिलते रहें
बातें करें

एक-दूसरे के मन की आवाज़ सुने

यही बड़ी बात है!

जो साथ नहीं है
उसके शब्द
मन में सहेज लें

यही बड़ी बात है!

- 20/01/2021

91
एक अर्जुन दुर्योधन हजार

***

"मैं एक मेरे रूप अनेक
मैं हर भाव में रचा बसा"
- कृष्ण का यह भाव
कलियुग में दुर्योधन ने
अपना लिया है.
देखो!
आज एक नए दुर्योधन का
जन्म हुआ है!
देखो! आज एक नए
युग का आरंभ हुआ हैं.
ऐसा लगता है
सच में दुर्योधन
लौट आया है!
एक नहीं अनेक रूपों में
लौट आया है.
अब उसे डर भी
नहीं कृष्ण के
सुदर्शन चक्र का!
क्योंकि कलियुग में
लगता अपनी साधना से उसने
कृष्ण से वर पा लिया है -
तभी तो उसने कृष्ण को
मंदिर में सजे रहने

का आदेश दिया है!
तभी हम
अब
कृष्णमयी होकर
रास लीला रचाते हैं,
मंदिर में बैठकर

ढोल- मंजीरे बजाते है.

और कृष्ण से
याचना भर
करते है
कि
हे गोविंद! अब भव सागर
से पार लगा दो!
बस इस जीवन
में सब सुख-साधन जुटा दो
और
गौलोक तक जाने की
राह में फूल बरसा दो!
कृष्ण की गीता
अब गौलोक तक जाने
का साधन मात्र बन गई है -
गीता का श्रवण कर
हर कोई कृष्ण पाना चाहता है!
गीता का मनन कर,
गीता का आचरण
अब कौन करें?
क्योंकि
अब अर्जुन भी

बेबस है,
वह भी कर्म भूमि में जाकर
- कृष्ण की गीता का
उपदेश पाकर
भी कुछ नहीं कर सकता!
क्योंकि अब अंकुश
लगाने वालों की
लम्बी कतार है
- एक अर्जुन है
और दुर्योधन कई हजार है.
और दुर्योधन अब
बहुत बलशाली है,
अब दुर्योधन एक सिर वाला नहीं,
रावण की मानिंद दस सिर वाला नहीं,
बल्कि
सौ सिरों वाला एक भीषण
दैत्य बन गया है!
अब वह तीर- गदा- कमान
लिए खड़ा एक वीर नहीं
बल्कि ढेर- सी मिसाईलें लिए,
हजारों एटम बम लिए,
रिमोट कट्रोल पर चलने वाले
कठपुतलों की सेना का
नायक बन गया है!
अब उसे युद्ध स्थल पर
जाकर
अर्जुन संग नहीं लड़ना पड़ता!
बस अब युद्ध स्थल

तो कम्प्यूटर का एक बटन
बन गया है,
अब उसे युद्ध करने के लिए
कुछ बटन दबाने पड़ते हैं.

नए- नए आदेश भी

एक असान से कोड में
दोहराने होते हैं.
बस अब सारी दुनिया,
सारी जनता
उसके एक बटन की
मोहताज बन गई है.
क्योंकि अब अर्जुन भी
कुछ नहीं करता
उसे राज महल
में रहने की
आदत पड़ गई है.

बड़ी- बड़ी गाडियां है

बड़े- बड़े बंगले हैं

और उन्ही बंगलों

में बड़ी- बड़ी

टेबलों पर
फाईलों के ढेर हैं.
उन फाईलों के
ढेरो पर हजार- हजार
ऑर्डर पास करके
उसे दिन भर

इतना वक्त भी
नहीं मिलता की
बाहर निकल सके -
सड़कों पर,

दूर खेत- खलियानों में

जहां उसकी जनता बसती है
- और जिसे
कम्प्यूटर
के बटन की
नहीं -

खेत- खलियानों की,

एक छत की
और ठंडी बसंत ऋतु
की जरूरत है!

92
नया सन्देश

***

कितना अच्छा होता
जो एक
नया क़ानून आता,
जो गली-मोहल्ले में
जातिवाद के नारों पर
रोक लगा देता!

न हिन्दू-मुसलमान,
न सिख-ईसाई
बस हर नाम के आगे
भारतीय लिखने की
शर्त लग जाती!

धर्म को
घर-मन्दिर की की हद में
रखने का हुक्म सुना देते!

अल्ला-मौला,
यीशु मसीह
गुरू नानक
या मेरा कृष्ण और राम,
मेरे मन्दिर-मस्जिद

गुरूदवारे या गिरजे में बसता!

वहीं ज्ञान धारा बहती,
मेरा धर्म मुझे

अपना कर्म करने का ज्ञान देता!

सेवा भाव ही मेरे

अधिकार क्षेत्र में आता!

पहचान मेरी
मेरे देश से होती
घर से बाहर मैं बस

भारतीय कहलाता!

भेदभाव मिटाने की
सब अलख जगाओ,

भाई को भाई से मत लड़वाओ!

सब अपने अपने धर्म को समझो

सब अपना अपना धर्म निभाओ!

जाति नहीं,
देश के लिए मर मिटने की
शपथ लो

और मेरे नए राष्ट्र की नींव रखो!

मैं भारतीय
और मेरा भारत

बस यही नया क़ानून लाओ!

- 20/12/2019

93

उड़न तश्तरी बनी जिन्दगी

***

(यह कविता 1 नवंबर 1984 को देश भर में हुए नरसंहार की स्मृति में लिखी गई थी! मैं आज भी उस दिन को याद कर कांप जाता हूँ। मुझे एकाएक विश्वास नहीं होता कि ऐसा एक दिन कभी मेरी जिन्दगी में आया भी था या कि वह एक भयानक स्वप्न मात्र था। मैंने अपनी इन आँखों से भाई को भाई के खून का प्यासा होते देखा था। सड़कों पर सरे आम खून की होली खेली गई थी। 31अक्टूबर 1984 को हमारी तत्कालीन प्रधानमंत्री श्रीमति इंदिरा गांधी की हत्या, उन्हीं के सुरक्षाकर्मियों द्वारा कर दी गयी थी। वह देश में फैल रहे आतंकवाद की चरम सीमा थी। लेकिन उस घटना के बाद जो खून की होली खेली गयी, वह मानवीय इतिहास में एक कलंक है। आम जनता भड़क उठी थी या कि उसकी भावनओं को भड़का दिया गया था, यह मैं नहीं कह सकता। हाँ इतना ज़रूर कहना चाहता हूँ कि आतंकवाद की जड़ें तभी पनप सकती हैं जब आतंकवादी आम जनता की भावनओं के साथ खिलवाड़ करना शुरू कर दें। लकिन एक सच बात तो यह भी है कि हम भी भावनओं के तूफ़ान में इतने अन्धे हो कर कुछ ऐसा कर बैठते हैं कि जिसका पछताव हमें जीवन भर होता रहता है, जैसा इस दिन की याद कर आज तक होता रहता है)

आतंक घने बादल सा आया

बरस उठी बन्दूक

कहर बरसा-

शोर मच गया शोर

उड़ा डाला,

मार डाला मेरे मसीहा को!

"किसने मारा,

कैसे मारा?

कौन जात का,

कहाँ से आया ?

ऐसी जात को खत्म कर दो,

भून डालो!"

बीज बोया था किसी ने,

'एक को नहीं

पूरे जंगल को ही काट डालो!'

फैली दहशत,

मचा कोहराम,

भीड़ का रेला,

रेले में चंद लोग

- रिमोट कंट्रोल के बल पर

नाचते कठपुतले!

स्वार्थसिद्धि को

रातों-रात हीरो बनने की

चेष्टा में संलग्न,

बंद कमरों में बैठे चंद नेता,

सहनुभूति,

नहीं-नहीं

स्वार्थपूर्ति के बल पर,

भड़का गए

भाई को भाई के

खून का प्यासा बना गए!

- "उठा लो बन्दूक,

तलवार, चाकू

काट डालो अपने भाई को,

लूट लो घर-बार,

खत्म कर दो एक वंश!"

एक वंश ऐसा

जिसका बच्चा लड़ा लहू से,

-जिसका बच्चा मिटा

माँ की रक्षा में!

- उसी रक्षक को भक्षक मानो,

जला डालो,

मार डालो,

राज़ करने का यही समय!

थी एक हिंसा,

एक नफरत

जो फिरंगी की बदौलत,

एक हिंसा अब हुई

जो मेरे अपने की हिमाक़त!

लुटा देखा मैंने घर-घर,

लुटा देखा सिन्दूर बहन का,

पत्थरों से मरते सुना था पहले

पत्थरों से मरते

देख लिया अपना जिग़र!

एक सुबह हुई

एक नया इतिहास लिख गई

-बच्चे रोते,

माएँ रोती,

रोते देखे बूढ़े दर-दर!

किसकी झोली में मोती आये,

किसे मिली खुशी,

कोई नहीं समझा

किसे नहीं ख़बर!

-शाम ढलने तक

आकाश धुंए से भरा

देखा लहू सड़क पर!

यह लंका नहीं

जिसे जला डाला हनुमान ने,

यह रावण नहीं

जिसे मार डाला राम ने,

यह मेरा तुम्हारा भाई

जिसे मैंने

या तुमने मार डाला!

नफ़रत के राक्षस ने

इस कलयुग में

अपने घर के हर राम को मारा,

राम के हर बन्दे को मारा!

राम की इस भूमि पर

लहू बहा हर लक्ष्मण का!

कलयुग में अवतार हुआ

नफरत का,

कलयुग में अवतार

हुआ राक्षस का!

उड़नतश्तरी बनी जिन्दगी

- न देखी,

न सुनी ;

सभी कहते

यही जिन्दगी, यही जिन्दगी!

94
दोस्त बेगाने हो गए!

***

मैं बड़ा बन गया

दोस्त अब बौने लगने लगे!

बचपन के दोस्त बिछड़ गए,

वो रोटी छीन कर खाना

साथ-साथ हँसना-खेलना

दिवार फाँद कर भागना

इधर-उधर भटकना

- अब सब बेमानी लगता है

पिछले जन्म का कोई टूटा सपना लगता है!

कॉलेज में मिले दोस्त

न जाने भीड़ के रेलें में

कब आए थे

कब मिले,

साथ-साथ चलने के सपने बुनते रहे,

आगे बढ़ेंगे, ख़ूब तरक़्क़ी करेंगे

नई दुनिया होगी हमारी

नए सपने मिलजुल कर साकार करेंगे!

बहुत से साथी थे

पर ज़िन्दगी के रेलें में

कुछ नया करने की तमन्ना लिए,

अपने सपनों को बुनते-बुनते

कहीं नई राह पर निकल गए!

ज़िन्दगी कुछ नया करने की होड़ में

नए साथी

नई दुनिया की खोज में दिन रात

नए सपनों का निर्माण करती रही -

दोस्त मगर लड़कपन के

अब चन्द रह गए!

नए साथी मिले,

नई दुनिया रोशन हो गई,

अब एक ही तमन्ना थी

- बहुत बड़ा

- सबसे बड़ा

बनने की तमन्ना में

मैं सबको भूल गया!

कोई मिला भी

तो उसे पल भर में एहसास करवा दिया

कि मैं अब बड़ा बन गया हूँ

- तुम्हें साथ चलना है

तो मेरी तरह से चलना होगा,

तुम्हें वक़्त के साथ चलते हुए

बड़े बन गए दोस्त की हर तमन्ना को पूरा करना होगा!

वो जो चाहेगा उसी की तमन्ना को पूरा करना होगा!

तुम अब पानी हो और

बड़ा बन गया दोस्त शराब की बोतल!

बस उसके रंग में रंगना होगा!

अपना रंग दिखाया तो क्या होगा -

टका सा जवाब मिलेगा -

तुम अपने रास्ते जाओ

मेरे अब बहुत साथी हैं,

मेरी एक आवाज़ पर सब खड़े हो जाएँगे!

मैं प्रसन्न तो यज्ञ करूँगा

मैं प्रसन्न तो मौज करूँगा

तुम चाहते हो तो

मेरे यज्ञ में आहुति दे देना

तुम चाहते हो तो मेरी मौजमस्ती में

साथ चले आना!

अब मैं बड़ा हूँ

दोस्त बहुत हैं मेरे

तुम चाहो तो उसी गिनती में

शामिल हो जाओ

वरना रास्ते बहुत हैं -

कोई भी रास्ता तुम चुन सकते हो,

मुझे अब नई दुनिया में जीने दो

मुक्त बने मधु पीने दो!!

- 16/08/2017

95
मेरे बच्चों की नानी

***

नानी जीवन जीती है!

सुबह सवेरे उठती है,

हाथ जोड़ कर

ध्यान मगन हो

सबकी मंगल कामना करती है।

एक नियम है जीवन का -

हँसी-ख़ुशी से मिलो सभी को

मन में आई हर बात करो

ख़ुद भी हँसो

और सबको हँसाओ!

जीवन मिला है जीने को

ख़ुद भी जिओ,

और दूसरों को भी जीने का गुर सिखाओ!

न देखो कभी आस लगा कर

न किसी के दुखड़े गाओ

अपने मन की करो

पर किसी का मन मत दुखाओ!

जो मिले उसे प्यार दो

जो ना मिले उसके भी गुण सबको बताओ!

गिला-शिकवा कर क्या मिलेगा ?

पास तुम्हारे प्रेम-भाव,

बस वही धन सबसे बड़ा,

कभी कम नहीं होगा

जो भी मिले उसे बाँटते जाओ!

काश! सभी हम पा लें यह भाव विरासत में!

अब हर दिन यही प्रार्थना

आपके स्वास्थ जीवन

की शुभकामना!

- 14/11/2018

96
कृष्ण भाव (2)

***

विश्व एक

तेरे रूप अनेक

तू हर धर्म में रचा- बसा!

भिन्न- भिन्न धर्म धरा पर स्थापित,

भिन्न- भिन्न मत, भिन्न भाषाएँ |

नए- नए रूप दृष्टिगत होते

मिलती नित नई- दिशाएँ |

तू सब धर्मों में स्थित हुआ

कहीं राम- रहीम,

कहीं महावीर, कहीं गौतम बुद्ध |

कहीं नानक, कहीं अल्ला सबका,

कहीं मौला, कहीं यीशू मसीह!

तेरे रूप अनेक,

फिर भी तू एक!

नए- नए नाम दिए तुझे हमने,

तू नियन्ता इस सृष्टि का,

तू सब रूपों में एक रूप,

तू हर रूप में बसा हुआ!

मानव का कल्याण है करता,

हर रूप तेरा

इसी एक रूप में बसा हुआ!

97 आश्वासन

***

आश्वासन देना

कितना सरल है!

दंभ की गर्दन नीची न हो

बस जो भी मिले

कहते जाना -

'नहर आ रही है,

भरपूर फसल होगी'

- कितना सरल है!

प्रश्न नहर बनने का नहीं,

प्रश्न किसी के स्वप्न को

साकार करने का नहीं;

- प्रश्न है

स्वप्न को साकार देखने का -

आकाश-कुसुम तोड लाने का नहीं

- आकाश की उँचाईयों को

छूने का!

लेकिन

प्रश्न का उतर

इतना सरल नही;

सरल है -

मदिरालय में बैठकर

मदिरा की चुस्कियाँ लेना

- उँची किसी कुर्सी

पर बैठकर

बाहर लू में तपते

लोगों को

शीतल-मलय का आश्वासन देना!

98
दारू की दोस्ती "

***

मैं पीता था जब

कुछ लोग परेशान थे तब!

अब पीनी छोड दी है

तब मेरी दुनिया का हर इक वासी

परेशान हो गया है!

सब अन्दाज़ लगा रहे हैं अपना

भला क्यों छोड़ी होगी -

कही सेहत तो नहीं बिगड़ गई इसकी,

कहीं किसी पंडित या मौलवी ने

कुछ डरा दिया होगा

धर्म के नाम पर

ग्रहों की चाल से तो बडे- बडे

तौबा कर लेते हैं

दारू तो कया

उठना- बैठना-सोना-जागना

मुहूर्त के हिसाब से करते हैं -

पककी बात है

यही हुआ होगा!

अब दोस्तों में होड़ लगी है

कि कौन इसका व्रत तुडवाएगा

कौन इसको वापिस

अपने जैसा बना पाएगा!

दिन रात कोशिश जारी है!

आज तो मेरे इक दोस्त की धर्मपत्नी ने

हद कर डाली

बोली वह मेरी अर्द्धांगिनी से

कि ए◌ैसा अब कैसे चलेगा!

भैया ने दारू छोड दी है

देखना वह अब सब से कट जाएँगे

दुनिया में रहते हुए सन्यासी से बन जाएँगे!

अब महफ़िलें सूनी लगेंगी

और देखना सभी दोस्त भी साथ छोड जाएँगे!

दारू ही तो मिलने का बहाना है

दारू बिना अपना दोस्त बेगाना लगेगा!

दोस्त अब दिल को नहीं बोतल को पहचानता है!

दोस्त अब तुम्हारा रूतबा दारू के लेबल से

जानता है!!!

- 23/03/2017

99
भूली बिसरी यादें

***

जीवन की भूली-बिसरीं यादें

क्या

किसी और जन्म का क़िस्सा हैं!

किताबों में लिखा है
कि रिश्ते सात जन्मों के होते हैं!
कहीं नहीं लिखा मगर कि
यह सात जन्म
कब और कैसे होते हैं!
मेरी मानें तो
सात नहीं

हर दिन हम नया जन्म पाते हैं!
कड़ियाँ जोड़ लेते हैं
तो लगता है
एक ही जन्म है,
और कड़ियाँ टूट जाएँ
तो लगता है यह सब
पिछले जन्म की बात है!

-यही क़िस्सा है ज़िन्दगी का!

हर दिन नया जन्म
और भूले बिसरे दिन, पल, क्षण
कोई और जन्म!

यादों के समन्दर से निकल कर
जीवन विषम दिखाई देता है,

बिना यादों के जीवन ठहर गया लगता है!

हर पल को संजो कर रखना ही जीवन है!

कड़ियों को जोड़ते रहना ही
मेरा-तुम्हारा कर्म और

यही हमारा धर्म है!

जीवन तभी जीवन्त लगेगा

जीवन तभी अपना लगेगा!

न जन्म कोई और मैंने देखा है
न ही तुमने देखा है,

न कोई मुझे या तुम्हें दिखा सकता है!

ये क़िस्से कहानियों की बातें हैं बस

कपोल कल्पनाएँ हैं!

यह सब जो है उसे
जीवन्त रख लें
यही बड़ी बात है!

हम मिलते रहें

बातें करें
एक-दूसरे के मन की आवाज़ सुने

यही बड़ी बात है!

जो साथ नहीं है
उसके शब्द
मन में सहेज लें

यही बड़ी बात है!

- 20/01/2021

100
राम-राज्य

***
कौन कहता है
राम-राज्य इतिहास की बात है ?

आदर्शों की दुहाई देकर
घिसे-पिटे राग अलापने से
भला
कौन सिद्ध कर सका है
कि
राम-राज्य
अब नहीं रहा ?

सूरज
सुबह निकलकर
चलता है,
रुकता नहीं,
थकता नही,
शाम को अस्त हो जाता है!

रात के अन्धेरे को देखकर
हताश हो जाना,
निराश हो जाना
और
यह सिद्ध करने की

कोशिश करना
कि
राम-राज्य का सूर्य भी
अब अस्त हो चुका है
- कितनी नासमझी की बात है!

आशा त्याग देना
जीवन की परिभाषा नहीं,
रात का अंधियारा
तो
बीते कल की बात है!

देखो!
सूरज उगा है,
चल रहा है
निरन्तर -
राम-राज्य की मानिंद
शान से
नए-नए मान
स्थापित करता,
- राम-राज्य भला ऐसे में
कैसे
इतिहास के दबे पन्नों
पर छिपा हो सकता है ?
राम-राज्य
आज भी है
- तभी तो
प्रजातन्त्र की बात
मैं

आप

हम सभी

करते हैं!

क्या आज

हमें अपनी बात कहने का

अधिकर नही ?

क्या आज

आप

अपने राजा के द्वार

अर्धरात्रि को

नहीं खटखटा सकते?

अरे...!

राम-राज्य तो

कितनी

उन्नति कर चुका है!

- आज आप

न केवल

अपने राजा के

द्वार खटखटा सकते हैं

-बल्कि

अपनी गाडी में बिठाकर,

कर्मचारियों को आदेश

दिलाने

उसे उनके घर तक

ले जा सकते हैं!

- फिर भी कहते हैं

राम-राज्य बीते युग की बात है ?

राजा राम को तो
पुश्तैनी गद्दी
मिली थी
- वह भी
चौदह-बरस
कठोर बनवास
के बाद
और आज - ?
- आज आप
अपना राजा
स्वयं चुनते हैं
- चाहे कोई जेल में हो
कोई डाकू बन जन-जन
को लूटता हो
- कोई स्मगलर
कोई मौत का ठेकेदार
- स्मैक-अफीम के
भंडारो का
करता हो व्यापार
- मर्जी जिस पर आए
उसे अपने जीवन का
ताज पहना सकते हैं,
जो मन को न भाए
उसे गदी से उतार
फैंक सकते हैं!

फिर भी कहते हैं
राम-राज्य इतिहास की बात है?
कोई है ?

कोई है ?
- जो सिद्ध कर सके
कि
राजा
मैंने नहीं,
तुमने नहीं,
किसी ने नहीं,
बल्कि
पैसे की ताकत ने,
गुंड़ागर्दी
और आतंक ने
चुना है ?
अरे...!
यह तो
राम-राज्य को
बदनाम
करने की चाल है!
देखते नहीं
रोज चुनाव होते हैं,
देखते नहीं
सारी की सारी
सरकारी मशीनरी
वोटों की गिनती करती है!
दूर-दराज के
गाँवों में,
जहाँ केवल
दो प्राणी बसते हैं,
सैंकडों हाथ जोड कर

पहुँचते हैं
- वदंना करते हैं
कि
तुम जनता-जनार्दन हो,
- जिसे चाहो
चुन लो,
-जिसे चाहो
दुतकार दो!
- हम तो सेवक हैं,
- दास हैं तुम्हारे
- राजा नहीं!
राजा की परिभाषा
दूसरी है,
राजा प्रजा का सेवक है!
और
यही
राम-राज्य का
मूल-सिद्धान्त है!
तभी तो
कहता हूँ,
राम-राज्य
बीते कल की नहीं,
इतिहास की नहीं
आज की बात है!
राम-राज्य आज भी
मेरे देश का ताज है!

101
माया का जाल

***

माया के जाल में
उलझे लोग
बाहर निकलते की चेष्टा
नहीं करते
- छटपटाते भी नहीं
बस
जलते हैं
इर्ष्याग्नि से
और घने जालों में
जकडे लोगों को देखकर,
"और मिले और"
- बस, नहीं कहीं!

सूरज निकलकर
ढल जाता है
पसीने की बूँदें
एयरकन्डीशनरों के बल पर
अन्दर ही अन्दर
घुट कर
मर जाती हैं
लेकिन
मन नहीं थकता.
जाले को घना

करने की ललक,
रात के अन्धेरे
को चीर कर
उचकाती है
दीवारों के उस पार,
दूसरे के जालों से
अपने जाले की
मोटाई मापने
और
मन्नतों के जोर पर
अपने जाले को
और घना देखने
की तमन्ना लिए
स्कॉंच के दो घूँट
हलक से उतरने तक!

102
किसी के आने का एहसास

***

नियति का खेल समझ नहीं आता
कौन कहाँ
कब कैसे चलकर
एकाएक दस्तक दे जाता,
मन-आँगन को महका जाता!

यही है,
यही है वो
जिसे खोज रही थी आँखें,
जिसके आने का एहसास था,
जिसकी सुगन्ध की महक थी मन में,
- यहीं नियति ने अपना रास रचाया
दूर कहीं किसी कोने से दुनिया के
वक़्त धीरे-धीरे तुम्हें
हमारे घर-आँगन में ले आया!

मन माँगी मुराद हुई पूरी
और एक नए सम्बन्ध का
अवतरण हुआ!

अब मन में आई
हर मुराद तुम्हारी पूरी होगी,
जो सोचा है
वह भाव साकार होगा,

\- बस भय मुक्त मन से
तुम्हें डटे रहना होगा!

राह अवरुद्ध न कोई कर पाएगा,
जो होना है,
वह अवश्य होगा,
वक़्त रहते तुम्हारा

हर सपना पूरा होगा!

तुम जैसी हो
वैसी ही रहना,
सरल भाव, मधुर मुसकान

बिखेरती रहना!

सरल स्वभाव सदा बना रहे,
हर नए दिन की शुरुआत
नए हौंसले के साथ
करती रहना,
राह कभी अवरुद्ध न होगी
हर और से फूलों की

बरखा होगी!

\- बस यही कामना है मेरी,
जीवन के इस
नए अध्याय के

आगमन पर!

\- जैसी हो वैसी ही रहना
सदा मुसकुराते हुए मिलना सबसे
यही तुम्हारी शक्ति है

यह सदा बनी रहेगी!

103
विरासत

***

विश्वास नहीं होता
मेरी आँखों को
कि नीले आसमान से ढकी

यह मेरी दिल्ली है!

ये तो मेरे बचपन का कोई सपना जान पड़ता है!

मैंने कब के बीत चुके बचपन में ही

देखा था

यही नीला आसमान!

मेरे बचपन में

चाँद- तारों से भरी चादर ओढ़कर

यही नीला आसमान

रात भर सकून देता था मेरे मन को!

रात के स्याह अंधेरे से

कभी डर भी नहीं लगता था!

याद है अब भी मुझे

चाँद तारों की रोशनी में

घर- मोहल्ले में की धमाचौकड़ी,

छुटपन की ढेर- सी शरारतें!

कभी कहा नहीं था
माँ या बाबूजी ने

कि

'बाहर न जा, अंधेरा है!'

वही दिन क्या लौट आए हैं ?
आसमान फिर से नीला हो गया है
रात चाँद तारों की बारात लिए

अब रोज़ आती है!

पर ये क्या ?
बच्चों की किलकारियाँ

कहीं दूर तक सुनाई नहीं पड़ती!

इतना ख़ुशनुमा माहौल है
लेकिन
सूनापन क्यों छाया है चारों तरफ़ ?
बड़ा भयावह लगता है

रात का अंधेरा अब!

हर ओर डर का पहरा है!

ये क्या हो गया है ?
सब कुछ पहले जैसा है
फिर भी ख़ौफ़ क्यों है चारों तरफ़ ?
मैं विरासत में ये क्या सौंप रहा हूँ

अपने ही नए रूप को!

मेरे नाती-पोते क्या

मेरे नए रूप में यही दिन देखने को आए हैं ?
मुझे आगे बढ़कर कुछ करना होगा,
मुझे ही नहीं हम सबको अब सोच बदलनी होगी!
इस नीले आसमान को भी

नीला ही रहना होगा
इस चाँदनी रात को

यूँ ही जगमगाना होगा!

- यह होड़ की दौड़ मुझे रोकनी होगी!

तरक़्क़ी के साथ-साथ

मुझे जीने की

नई राह खोजनी होगी!

मुझे चाँद-तारों
और नीले आसमान को
यहीं टिके रहने को

विवश करना होगा!

मुझे विरासत में
अपने बचपन का आसमान ही

अपनी नई पीढ़ी को सौंपना होगा!

104

मन की बात

***

दोस्त जब
चुप हो जाते हैं,
दिल की बात
दिल में रखने लगते हैं,

मेरी मानो
ऐसे में या तो वह
बहुत बड़े बन जाने के
अहम में चूर हो जाते हैं,
- नज़र न लग जाए कहीं

किसी और की
या फिर
कहीं अपनी ही
किसी बात से परेशान हुए
दोस्त से दूर हो जाने का
स्वाँग रचते हैं!
दोस्त ही है,

जो चेहरे को देख कर
मन की बात पढ़ लेता है,
तुम परेशान होते हो

तो निवाला निगलना
भी उसे
भारी लगता है!
दोस्त हालात से बेबस हो

तो बात टालने से,
बात बनती नहीं
बात बिगड़ जाती है!

घर-परिवार से बाहर
दोस्त ही है

जो किश्ती को किनारे लगता है!
इसीलिए कहता हूँ
दोस्त की भावनाओं से मत खेलो
दोस्त को
वक़्त के तराज़ू में मत तोलो!
वह दोस्त ही क्या
जो वक़्त के साथ
अपना रास्ता बदल ले!
बेहतर है
दोस्त को ढूँढने दो

दुनिया में कोई और ठौर,
कहीं शायद
उसे सकून मिल जाए,

कोई नई राह मिल जाए,

जहां ख़ुशी ही ख़ुशी हो!

अरे!

दोस्त तब भी खुश ही होगा

कि चलो!

कोई तो सहारा है
मेरे दोस्त के पास
कि

अब उसे मेरी ज़रूरत नहीं!

105
मेरी प्रिया

***

किसी के मनोभावों का बिम्ब
किसी की आँखों का उल्लास
किसी के हृदय का कण-कण
अथाह उमंगों का दर्पण.

- मूक मगर
अधरों पर मुस्कान लिए
चहरे पर उल्लास की आभा
आँखों में एक प्रीति लिए.

किसी से नेह का नाता जोड़े
किसी से चिन्तन का है साथ
किसी की आँखों की है ज्योति
किसी की जीवन की प्रभात.

प्रतिपल नवीनता के दर्शन
नित नई उमगों से मिलन
प्रिया! तुम मेरा जीवन,
जीवन की उत्कट उमंग!

106
हम तो विश्व विजेता हैं...!

***

जो होना है
वह अवश्य होगा,
न अब तक कोई रोक पाया है
न कभी कोई रोक पाएगा!

हम बातें कर- कर के
सपनों के महल बनाते हैं,
वक़्त आने पर

क़िस्मत का रोना रोते हैं!
रोलियाँ करते हैं
गंगा में डुबकी लगा कर
पाप धुल जाने की आशा करते हैं!

भोली-भाली जनता को
गुमराह करते हैं -
तूफ़ान अब चला गया है,
हम अब विश्व विजेता हैं!
तुम अब घबराओ नहीं
बस विश्व गुरू बनने की
तैयारी कर लो!

यह महामारी कुछ नहीं कर सकती!

बस घूमों-फिरो

और मौज करो!

मेरा महानायक अब
विश्व विजेता है,
बस उसी का

अनुसरण करते जाओ!

वह घूम रहा है गली-गली,

तुम भी अब मौज मनाओ!

तुम बस मुझको सुनने
मेरी रैलियों में भीड़ जुटाकर
मेरी विजय के गीत गाओ!

देखो! उधर देखो!

अमर्त्य को पाना है तो

भागो-भागो,

घर से निकल कर

पावन गंगा में डुबकी लगाओ!

गंगा माँ को तो पहले मैला कर चुके हो
अब अपने जीवन को ताक पर रख

तुम अमरत्व प्राप्त करो!

देवताओं ने वर्षा की है
अपना रोष जताया है

अभी भी सँभल जाओ!

पहले राज धर्म की बात करो
पहले माँ का आँचल
अमृत वर्षा से धुल जाने दो,
तभी घर से निकल कर

बार-बार डुबकी लगा कर

अपने जीवन को चरितार्थ करो!
पहले अपने आदर्श स्थापित करो

मैं-मैं का आलाप बंद करो

पद रहे न रहे
जनता को गुमराह न करके

देश को खुशहाल करो!

कल हम रहें
या ना रहें
पर आने वाली पीढ़ियों को
विरासत में
अहं से परे हट कर
खुशहाल जीवन जीने का

ज्ञान तो दे जाएँ!

- 23/04/2021

107
कुछ नया करने की चाह

***

छोटी-छोटी खुशियों की पोटली

मेरे देखते-देखते बड़ी हो गई!

कुछ नया करने की चाह

अब परवान चढ़ने को है!

अब कुछ विलक्षण

करके ही दम लेगी!

उम्र के छतीसवें पड़ाव से पहले

जो देखा- सुना– समझा और महसूस किया,

अब आगे वही जीवन

वही दर्शन,

वही आनंद प्रदान करेगा!

बहुत से सपने साकार हुए,
बहुत कठिन दौर भी देखा,

कभी जीत मिली कभी दिल टूटा!

अब नया अध्याय आरंभ हुआ

नए आयाम

नई चुनौतियां है समक्ष खड़ी,

लेकिन

हौसला बुलंद
और
परिपक्व मन
सब कुछ सहने को सक्षम!

चलो! चलो!

अब बढ़े चलो!
कभी कभी रुकना नहीं
कहीं ठहरना नहीं,
ना पीछे देखना
- बस बढ़ते रहना!

अतीत तुम्हारा
--जो बीत गया,
- बहुत सुंदर था
हर पल उसका!
नई राह का निर्माण कर गया,
नए सपनों को साकार कर गया!
- अब उसी राह पर चले चलो
कभी रुको नहीं,
बस बढ़े चलो!

अब जो होगा
अच्छा ही होगा,
मन में आई
हर उमंग का साथ मिलेगा,
नए घरौंदे का निर्माण होगा!

नई दुनिया में
चित्त शांत रहेगा!

अब यही सबसे बड़ी धरोहर है,
जो चाहोगे

वह पूरा होगा!

हर नया दिन
अब उमंग भरा,

नया संदेश लिए आएगा!

तुम्हारे छतीसवें जन्म दिवस पर
नई दुनिया का तुम्हारी
निर्माण होगा
- यही कामना है

यही चाहना है मेरी!

- तुम्हारे पापा!

- 28/06/2021

108
जीवन की बसंत

***

जीवनचर्या अब बदल रही है!

साल दर साल
बसन्त ऋतु
कोई नया सन्देश लिए
तुम्हारे जीवन में

दस्तक देती रही है!

बदलाव का यह मौसम
नया सन्देश लिए आया है
- फूलों की सुगंध की मानिंद
तुम अपनी महक से

हर मन को महका दो!

वक़्त अब भाग रहा है

अब नहीं यह रुकने वाला!

अपने भीतर झांको,
समझो वक़्त की नज़ाकत
दूसरों के दोष
और
गिले शिकवों से बाहर निकल कर
मुस्कुराओ
हाथ फैलाकर

सबको गले लगाओ!

-26/02/2021

109

हम कहाँ जा रहे हैं ?

***

वक़्त पलट चुका है अपनी चाल
- शायद ग्रहण लग गया है!
समय की सुइयाँ
अब उलटी चल रही हैं!
अब गणना,
सूर्योदय से नहीं
शाम ढलने के बाद
अंधेरे के साथ
शुरू होती है दिन की!
सोच कहीं
अंधेरी खाई में गिरती जा रही है!

राज धर्म में चाणक्य नीति का
अर्थ बदल गया है,
क्योंकि
इस उलटी गिनती शुरू होने से पहले
मेरा चाणक्य
आकाशगंगा की ऊँचाईयों को नापने
किसी दूसरे ग्रह का वासी बन गया है!
अब
सच का सामना करने से बेहतर,
झूठ बोल कर,

अपना उल्लू सीधा करना ही
राजधर्म का नियम बन गया है!

जनता के अब कोई मायने नहीं,
वे बस भेड़-बकरियों की मानिंद,
किसी जंगल के किनारे
सब्ज़बाग़ों की दुनिया में भटक रहे हैं!

कोई सिर उठाता है
तो उसे जंगल के भीतर
धकेल दिया जाता है,
आख़िरकार जंगल के राजा को भी
शिकार की तलाश रहती है
और उसके शिकार की ज़रूरत
पूरा करना भी राजधर्म का नियम है!

मैं जनता की आवाज़ हूँ,
मुझे मुट्ठी भर अनाज नही,
मुझे मुफ़्त में बिजली-पानी नहीं,
मुझे कंधे से कंधा मिलाकर
उन्नति की ओर बढ़ते कदमों
के साथ अपने क़दम मिलाकर
आगे बढ़ना है -
न कि कटोरा हाथ में लिए
किसी एक किनारे बैठकर
निठल्ला बन,
चातक पक्षी की भाँति
स्वाति नक्षत्र की एक-एक बूँद की प्रतिक्षा में
अपना जीवन व्यतीत करना है!

मुझे किसी प्रलोभन में
अब नहीं फँसना है,
मुझे मेरे हर दिन
कुछ नया करना है,
मुझे भी सामर्थ्यवान बनना है!

लेखक परिचय

***

अश्विनी कपूर

जन्म : 29 अक्टूबर 1955 (दिल्ली)

(अधिकारिक जन्मतिथि : 10 मार्च 1956)

3 प्रकाशित उपन्यास, 200+ कविताएँ, और 50+ लघु कहानियाँ।

प्रेमचंद, हरिवंशराय बच्चन और महादेवी वर्मा, सुमित्रानंदन पंत, जयशंकर प्रसाद और सूर्यकांत त्रिपाठी निराला जैसे दिग्गजों को पैदा करने वाली भारत की साहित्यिक परंपरा दुनिया में सबसे सम्मानित है। उन सभी का लेखन कई मायनों में विशिष्ट था; शायद उनका हास्य और करुणा का संयोजन, प्राकृति और सामाजिक मूल्यों के प्रति उनकी संवेदना अश्विनी के मानस पटल पर अंकित हो गई थी । उन सभी महानुभावों की सादगी थी और जिस तरह से वे रोज़मर्रा की स्थितियों और घटनाओं को देखते थे, उन सबने अश्विनी कपूर को कई तरह से प्रेरित किया।

बहुत कम उम्र में,अश्विनी ने अपने आस-पास के लोगों का निरीक्षण करना शुरू कर दिया- जिस तरह से वे चलते थे, बात करते थे और व्यवहार करते थे, और यह उनके सूक्ष्म लेखन में परिलक्षित होने लगा । एक व्यक्ति के रूप में, वह हमेशा उनके साथ बातचीत करना और उनकी कहानियाँ सुनना पसंद करते थे। कहानियाँ हमेशा उनके जीवन का एक अभिन्न अंग रही हैं- और कहीं न कहीं - यह रुचि धीरे-धीरे प्रकट हुई, जिसने साहित्य में उनकी कुछ बेहतरीन रचनाओं को रास्ता दिया।

यदि काल्पनिक कहानियाँ स्वाभाविक रूप से उनके पास आती थीं, तो कविता भी। और फिर भी, उनकी प्रेरणा सबसे सरल चीजों में थी - प्रकृति से लेकर उनके परिवार तक, दोस्तों से लेकर सड़कों पर लोगों तक। विस्तार के लिए यह उनकी पारखी दृष्टि थी जिसने उनकी सोच को

आकार दिया, जिसने उनकी कल्पना को सीधे सरल शब्दों से लिखने के लिए प्रेरित किया।

वह इस अनुभव को बहुत स्पष्ट रूप से याद करते हैं, "मुझे स्पष्ट रूप से याद है कि जब मैं कक्षा 7 में था, उस समय एक हिंदी शिक्षक थे, उन्होंने सभी छात्रों को अपनी रचनात्मकता को उजागर करने और कविता लिखने के लिए कहा।मेरी कल्पना में जो भी आया उसे मैंने सीधी-सादी भाषा में लिख दिया। उन्हें मेरी लेखनी बहुत पसंद आई और फिर वह सदैव मेरा उत्साह बढ़ाते रहे। उन्होंने मुझे और अधिक समय देना भी शुरू कर दिया और मैं अक्सर अपने विचारों को कलमबद्ध करने लगा। मैं कॉलेज के पहले साल में था जब मैंने अपना पहला उपन्यास "खोखली नींव " लिखा था। लोकभारती प्रकाशन ने उसे 1974 में प्रकाशित किया। उसके बाद, मैंने अपना समय ढेर सारी कविताएँ और लघु कथाएँ लिखने में बिताया। मेरा उपन्यास जब प्रकाशित हुआ था तब मैं कॉलेज के तीसरे वर्ष में था।"

साहित्य के प्रति उनके प्रेम की कोई सीमा नहीं थी, और यह उनके पहले उपन्यास खोखली नीव में परिलक्षित होता है जो तब प्रकाशित हुआ था जब वह मात्र 16 वर्ष के थे! उपन्यास उनके स्कूल और कॉलेज के वर्षों के दौरान उनके सभी यादगार अनुभवों पर प्रकाश डालता है। अश्विनी ने छोटी उम्र में ही यह जान लिया था कि जुआ और शराबखोरी सभी एक जाल है और एक बार फंस जाने पर व्यक्ति के लिए उन बेड़ियों को तोड़ना मुश्किल हो सकता है। उनके लिए सब कुछ अपने विचारों को कागज पर उतारने के बारे में था।

उन्होंने एक छात्र के लेंस के माध्यम से जीवन का अवलोकन किया और इससे उन्हें यह भी एहसास हुआ कि कैसे शिक्षक किसी व्यक्ति के जीवन को आकार देने में महत्वपूर्ण भूमिका निभाते हैं। बच्चे एक प्रभावशाली उम्र में होते हैं, जब वे छोटे होते हैं, और वे क्या देख और देख सकते हैं, यह परिभाषित करने में एक लंबा रास्ता तय करता है कि भविष्य में उनका जीवन कैसा दिखता है।

अश्विनी अपने विषय में आगे कहते हैं :

मैंने 1975 में एक और उपन्यास, " बिखरे क्षण " भी लिखा था। मैंने इसे 19 साल की उम्र में लिखा था और अब भी मैं इसे अपनी सर्वश्रेष्ठ कृति मानता हूं। यह एक बुजुर्ग दंपति की दिनचर्या

के इर्द-गिर्द घूमती है। एकाएक परिस्थितियाँ कुछ ऐसी बनी कि मुझे अपना सारा ध्यान अपने व्यवसाय में लगाना पड़ा। यह मेरे जीवन में आया एक महत्वपूर्ण मोड़ था और मैं दिन - रात अपनी धुन में लगा रहा और अपने व्यवसाय में ख़ूब मेहनत कर के पैसा व नाम कमाया। इस बीच मैं कभी-कभी लिखता रहता था और फिर 1989 में एक मित्र की सलाह पर मैंने अपनी ज़िंदगी में फिर से कुछ समय अपनी लेखनी को नियमित रूप से देना शुरू कर दिया। 1995 में पहला कविता संग्रह प्रकाशित हुआ और फिर 2001 में परिस्थितियाँ कुछ ऐसी बनी कि एक ही बरस में अपना दूसरा उपन्यास " नई सुबह " लिख डाला और दिन रात मैं गीता का अध्ययन करता रहा और मानें अपनी सरल भाषा में " कविता में गीता " की रचना कर दी। सभी रचनाओं को मैंने आड़ियो में रिकार्डिंग करके audiohindi.com और YouTube में डाल दिया। ज़िन्दगी जीने की नई राह मिल गई।

You Write. We Publish.

To publish your own book, contact us.

We publish poetry collections, short story collections, novellas and novels.

contact@thewriteorder.com

Instagram- thewriteorder

www.facebook.com/thewriteorder

www.ingramcontent.com/pod-product-compliance
Lightning Source LLC
LaVergne TN
LVHW091720070526
838199LV00050B/2480
* 9 7 8 9 3 5 7 7 6 2 6 9 4 *